アメリカ人が驚く日本法

樋口範雄　　Norio Higuchi

商事法務

はじめに

　個人的な話で恐縮ですが、私は、60歳を過ぎた後、英語で行う日本法の授業を始めました。その理由には、法学部でも英語の授業をという世の流れに従うというものもありましたが、より積極的なものとしては、還暦といわれる60歳を過ぎて、何か新しいことをしようという思いがありました。

　かつて1995年にミシガン大学のロー・スクールで、3週間の集中講義をした経験もあり（その時は一生で一度くらいそういうこともしようかと、清水の舞台から飛び降りる感じでした）、その際に自分で教材も作っていたのですが、今回は、Curtis J. Milhaupt, & J. Mark Ramseyer, Mark D. West, The Japanese Legal System : Cases, Codes, and Commentary（2d ed. Foundation Press 2012）を利用することにしました。たまたま、これら3名の編者に面識があり、彼らが現在のアメリカにおける日本法研究を代表する人たちだと知っていました。しかも、彼らは、このケースブックを苦労して作り、それぞれのロー・スクールで日本法の授業をしているのです。

　一時、1970年代から80年代に、アメリカでも日本法に対する関心が高まった時代があります。その頃、日本の経済力が急成長し、自動車産業をはじめとしてアメリカに追いつき、追い越せという勢いだったのです。その原動力が何か、特にアメリカのメーカーが厳しい製造物責任を問われ、数多くの裁判に悩まされてい

るのに、日本ではどうやらほとんど裁判がないらしい、一体どのような法が行われているのだ、という疑問がありました。裁判社会であるアメリカに対し、裁判嫌いの日本、その中で法と法律家がどのような役割を果たしているのだろうかというのです。

その頃は、アメリカ人が、アメリカの社会を訴訟社会・裁判社会（litigious society）と呼んで、しかも多くの人々はそれを異常なことだと感じていました。それに対し、日本では裁判以外の紛争解決で済ませているらしい。和解や調停など日本的紛争解決方法に注目が集まり、裁判外紛争解決（Alternative Dispute Resolution, ADR）という言葉が生まれ、ADRという言葉が日本へ逆輸入されたりしました。

しかし、ご存じのように、その後、経済力では中国が日本を追い抜いて、今では米中が覇権を争っています。その結果、アメリカの法律の世界でも日本から中国へ関心が移る中で、これら3人の人をはじめとして少数ながら日本法の授業をしているのは本当にありがたいことです。

なお、ミルハウプト教授はスタンフォード大学教授。ラムザイヤー教授はハーバード大学教授、ウェスト教授はミシガン大学ロー・スクール学部長です。

そのケースブックを利用して、何年か授業をするうちに、これら3人のアメリカの法律家が、日本法のどこにおもしろさを感じたのだろうかと思いました。このケースブックで学ぶアメリカの学生たちも、何を思いながら参加しているのだろうかとも。日本法について、日本では当然と考えているようなところにおもしろさを見いだしているのかもしれません。日本法をアメリカで学ぶことのおもしろさ、それを考えることは、日本法とアメリカ法の比較にもなるだろうと思いました。

この英語教材は11章に分かれ、憲法から会社法まで、さまざまな分野の日本法が取り上げられているのですが、本書では、まず契約、次に不法行為の章を取り上げて、彼らに代わって、日本法のおもしろさを伝えてみたいと思います。

　なお、私がミシガン大学で教えた際には、60名の学生はすべてアメリカ人でしたが、今度このケースブックを使って教えた際には（場所は東大法学部と公共政策大学院でした）、国籍は10数カ国以上、毎年30数名の参加者の大半が外国人で、私が期待した法学部の学生はごく少数でした。これも日本の若い人たちの内向きの姿勢を示しているのかもしれないと感じました。

　さて、日本の民法学者は、日本は契約社会だと考えています（たとえば、内田貴『契約の時代』（岩波書店・2000））。アメリカは、もちろん契約社会です。あるいは取引の社会です（たとえば、佐藤欣子『取引の社会──アメリカの刑事司法』（中公新書・1974））。資本主義の基本は、個々人の自由な契約であり自由な取引ですから、アメリカが契約社会であるのは当然です。それなら日本も資本主義社会ですから、アメリカと同じ契約社会なのでしょうか。

　まず先のケースブックの契約の章から6つのエピソードを見ながら、この問題を考えてみましょう。

2021年1月

著　者

目　次

契約の章・1

契約の章

第 1 話　永代供養の契約

> 日本の契約はどこまでも続くようです。未来永劫続く契約もあり？
> でも、契約当事者が自然人なら人は、いつかは死にます。それなの
> に、そんなことはおかしいと思わないのでしょうか？

　契約法の章の最初に取り上げられているのは、江戸時代に結ば
れた永代供養の契約です。ラムザイヤー教授が自ら英語に翻訳し
て、大正時代に東京地裁で争われたこの事件をわざわざ紹介して
いるわけです。なぜこんなものにアメリカ人が関心を持つのでし
ょうか。日本の民法の教科書でも、必ずこの事件にふれているわ
けではありません。

　ともかく事案を紹介してみましょう。この事件が掲載されてい
る法律新聞（法律新聞 986 号 25 頁、大正 4 年＝ 1915 年 1 月 1 日号）
によれば、おそらく契約が結ばれたのは江戸時代の中期です。そ
のとき、寿松院という浄土宗のお寺と、その檀家の 1 人である
坂部さんという人との間で、坂部さんが土地を寄進する代わりに、
お寺では、坂部家の先祖と一族のために永代供養をする（南無阿
弥陀仏という念仏を唱える）という約束がなされました。

　ところがそれから 5、6 世代を経た後（30 年が 1 世代だとすると、
150 年以上たった大正年代に）、実際には寺は何ら念仏供養をして
いないことがわかり、それが裁判にまでなったというのです。お

寺も、何ら念仏供養をしていないことは認めていたようです。

　裁判所は、この事件を受理し、それでもまず宗教的な供養の強制まではできないと認めました。心を込めて念仏を唱えることは、裁判所の力をもってしても強制できないことです。しかしながら、裁判所は、念仏供養には外形的な場面があり、たとえば燈明をあげ、食物を供え、誦経するなど外形的行為が含まれており、そのような精神のあり方と関係ない部分は、法が介入することができるというのです。そういう外形的行為の部分もお寺はしていないことを認めていたようであり、それは債務不履行（つまり契約違反）であるとして、この契約の法的効果を認めました。

●アメリカ人にとっての驚き●

　いったい、この事件のどういうところがアメリカ人にはおもしろいのでしょうか。「えーっ」という驚きの部分はどこにあるのでしょうか。

1　永遠の契約

　まず、これは日本の人の中にもそう感ずる人がおられるかもしれませんが、何しろ永代供養の約束ですから、これは永遠に続く契約なのです。日本の裁判所も法律家もそのような契約が当然あるものとして議論を進め、裁判をしているのですが、アメリカ人（アメリカの法律家）にとって、まずそれが驚きです。アメリカでは、基本的に契約というのは、両当事者が生きている限りの話です。何しろ契約を結んだのは、その当事者ですから。それが、子どもや孫を拘束し、さらには子々孫々まで続くという考え方にびっくりのはずです（そもそも、英米法では永久拘束禁止則というルールがあって、永久に続くような権利義務関係の設定は認められてい

ません。伝統的に認められてきた例外は、公益信託という、まさに公益のための活動を図る仕組みだけです)。

　第一、本件では、寺はいいでしょう。寺は存続する限りは同じ寺ですから。しかし、相続人は普通複数いますから、代々それが続くとなったら、坂部家の側は何十人、何百人と、ねずみ算式に増えて収拾のつかないことになりそうです。もっとも、日本では、第二次大戦前までは、家督相続という制度があり、相続人は長男子と決まっていたから、そのような心配は不要だったかもしれません。

　しかし、戦後は違います。そもそも自分で約束したことでもないことを、何代か前の、自分が会ったこともない祖先が結んだ契約の当事者となる、というのは、アメリカ的個人主義とは相いれません。アメリカでは、原則的に、死んだら終わりというのが契約ですが、日本では、最近、死後のペットの世話や自分の葬式の仕方を依頼する死後委任契約というのも当然認められているので、「人は死ぬが契約は残る」と皆が考えているようです(このテーマについては、フランスの2016年民法改正で、永久契約の禁止を明記する規定が置かれたことを紹介する、中田裕康「永久契約の禁止」廣瀬久和先生古稀記念(河上正二・大澤彩編)『人間の尊厳と法の役割——民法・消費者法を超えて』37頁(信山社・2018)があります)。

　実は、後で述べるように、自分の死後も法的効力を有するような仕組みは、アメリカでは信託(日本でいえば物権法の仕組みの1つ)によって行います。要するに、日本の契約は、アメリカの契約よりも大きな範囲をカバーすることがわかります。もっとも、日本ではその信託も契約だと考えますから、そこからしても、いかに契約が広く何でも取り込むことのできる法的道具だということになります。

2　文書のない契約

　アメリカでは、本件のように不動産が関係する契約や1年を超えて継続する契約は、署名のある文書でなければ裁判所に訴えても助けてくれません。ラムザイヤー教授の翻訳したこの判決の紹介では、江戸時代に契約（約束）がなされたときにその証文があって、それが残されていたのかどうかにふれていません。

　しかし、アメリカなら、まず文書があるかが最初に問題となるでしょう。もっとも本件では、寺は、そういう約束があったこと自体は認めているようなので、契約の当事者が認めていればその点は問題にならないのですが、裁判にまでなっているのですから、訴えられた方は、これがアメリカなら、そしてもしも文書が残っていないのなら、それを指摘して、本件は即終了のはずです。ところが、日本ではそうではありません。日本の法律家は、文書の有無を問わず、契約をめぐる争いを続けるのです。合意があれば契約成立ということを「諾成主義」と呼んでいますが、アメリカではそんな主義はありません。昔から、一定の重要な契約は、文書がなければ、完全な法的効力が認められていないのです。

3　宗教に関する契約

　本件は、永遠に供養するという内容の契約で、訴えられているのも寺です。これはまさに宗教的な事項に、世俗的な法と裁判所が関わっているわけです。おそらく、これもまた、アメリカでは裁判にふさわしいとは思われないでしょう。

　もちろん、その点は、本件の東京地裁の裁判官も十分考えており、精神的なこと、内心のことに法律は関わらない、あるいは関われないと認めています。しかし、それでも、浄土宗の供養の仕方には、形がある、表面的なことあるいは形式的なことがある、

具体的には、線香をあげたり、食物を供えたりすることなどが、供養のための行為に含まれているので、そのような外形的行為については、法や裁判所が介入することができるとして、本件の契約が法的に有効だと認めました。

「一見、なるほど」という感じですが、それでも、そのような外形的行為もまさに浄土宗の宗教の重要な一部です。そうだとすると、それを世俗的な公権力で強制するというのは、日本国憲法で明記されている政教分離に反しないのだろうかという疑問が出そうです。裁判所がそんなことまでする必要があるのか、あるいはそんなことをしてよいのか、という点が、問題になりそうですが、日本の裁判所は、外形的なこと・表面的なことと、内心に関わること、という区分で、その問題をスルーしました。

しかしながら、契約の趣旨からしても、心のこもらない外形的な行為の部分だけ裁判所が法的な効力を認めても、それで原告は本当に満足するのでしょうか。これからの時代、線香をあげたり、食物を供えるぐらいのことは、ロボットが代行してやるかもしれません。それでもいいという判断を、裁判所がしてあげることにどれだけの意味があるのでしょうか。

ここでも、日本の契約が、アメリカでは契約として認めないような範囲、法や裁判所が介入するのを控えるような場面にまで、立ち入っていることがわかります。

その背景には、日本の法律家や裁判所が、「約束したことは守るべきだ」という考えに執着していることがあるように思われます。もちろん、約束したことは守った方がいいでしょう。それはアメリカ人にとっても同じです。しかし、裁判という手段を通してまで、それを実現すべきか否か、あるいは法によってそれを実現すべきかどうかは、具体的な場合によるのではないでしょうか。

4　契約ではなく信託

　なんでも契約にしてしまう日本と違って、アメリカでは、そしてその母法であるイギリスでは、信託の方が歴史も古く用途も広い場合があります。本件もその例にあたります。イギリスであれ、アメリカであれ、宗教こそそれぞれ人によって違いますが、自分を含めて一族の人たちが天国（極楽）での安寧を願う気持ちは同様です。たとえば、イギリスではヘンリー8世が1546年の遺言書の中で、自分の死後、世界が続く限り毎日ミサを行うように、そのために600ポンド相当の土地を遺贈することを明記した例もあるそうです。

　その後、このような願いを実現するために、アメリカを含む英米法の世界では、自分を含む一族のためのミサを継続的に行うよう、信託を設定することが行われるようになり、それが公益信託（charitable trust）として認められて税法上も優遇されるか否かが問題とされました。結論は、公益信託と認める方向性になりました。宗教の振興は公益とされてきた伝統があり、かつ、それがall the poor souls（すべての貧しき魂）のためでなく、ある一族のためであっても、宗教に関わることなので広く認めようということのようです（関心があれば、John W. Curran, Trusts for Masses, 7 Notre Dame Law Review 42（1931）がこの問題を扱っています）。そして、先にも述べたように、伝統的に公益信託だけは永久に存続することが認められてきました。だから、アメリカでは、本件のようなケースは信託にして、永久に存続することができます（付言すると、現代のアメリカでは相当数の州法で、永久拘束禁止則を通常の私益信託にも適用しないとしています）。

　「日本なら契約（特に法律家にとってということですが）、アメリカなら信託」、という対照も、この判決が明らかにしてくれる点

です。信託というのは、わが国では、まだまだなじみのない制度ですが、重要な点は、信託違反があった場合に、契約法で認められる救済よりも手厚い救済が認められることです。たとえば、本件でいえば、自分の死後のことを託す場合、何しろ自分はいないのですから、託された人が裏切った場合にそれを咎める仕組みが必要です。契約違反（債務不履行）に対する損害賠償は、基本的に債権者がそれによって被った損害を賠償することになるのですが、その立証が難しいケースや、場合によっては違反者がそれ以上に利益（不当利得）をあげている場合もあります。それは、契約法では追及できません（実はアメリカの契約法でも追及できません）。

　しかし、信託法の考え方では、違反者が取得した利益もすべて吐き出させたり、悪質な違反の場合には懲罰賠償まで加えます。そのような仕組みによって、そもそも違反に対する予防効果をもたせようというのです。生前であれ死後であれ、人が他人を信頼して、自分にとって重要なこと、重要な権限、重要な財産を託する行為がなされることは、社会にとって必要かつ大切なものです。そうだとすると、単なる契約違反では済まないような仕組みを考えてみることが必要です。本件でも、本当に当事者が約束したこと（引き受けたこと）を実現するのに、契約以外に方策はないかを、日本法でも考えてみるべきかもしれません。

　これは余談になりますが、厚生年金基金というアメリカなら信託の重要な部分とされる分野で、労働者の頼みとする年金を詐欺的な投資で食い物にした事件が日本であり、それに対してほとんど救済がされない事態について、契約以外の仕組みがなぜないのかを問題にした文章を書いたことがあります（樋口範雄「AIJ問題が示唆するもの——信認法なき社会」旬刊商事法務 2012 号 16-22

頁（2012 年 12 月 15 日号））。

どうやら日本では、少なくとも法律家は何でも契約で考えることが好きなようです。その意味では、日本こそある意味では契約社会かもしれません。しかし、問題は、その契約の中味です。アメリカの学生は、アメリカより広い範囲で、かつ長期間にわたって、相続を通して契約関係が続くと考える日本法にびっくりしているかもしれません。ただ、アメリカの契約社会とは違うという違和感も覚えているかもしれません。

第2話　レコード会社の準専属契約

契約は守るべきものですが、強い立場の人が弱い立場の人に、それを強制することが本当によいことかどうか、この事件で考えてみましょう。

　契約の章の2つ目の事件は、1970年の名古屋高裁判決（判例体系2703456、名古屋高裁判決、1970年1月30日）です。これもまたラムザイヤー教授が自ら英訳しています。

　事案は次の通りです。訴えたのは、名古屋地域のレコード会社（以下、Xという）です。Xは1965年（前の東京オリンピックの翌年です）設立され、当初は、地方の音頭、社歌、校歌等の作詩、作曲、レコード吹込等の業務を行っていました。その後すぐに事業範囲を広げ、歌とレコードの製作販売、専属・準専属歌手の地方出演業務等を行うことにしました。その中で、1966年に、被告（以下、Yという）と1年間の準専属契約を結びます。専属契約でなく、準専属契約というのは、まだYは無名であり、実際に、歌手として売れるかどうかを見きわめたうえで、専属契約を結ぶかもしれないということです。その間、Xは、Yのレコードを発売したり、キャバレー等の出演をあっせんしたりします。実際、Yについては、1年の間に、レコード3枚（6曲）とステージ出演12回を行ったそうです。

問題は、この１年の契約期間の途中で、Ｙが、ＣＢＣテレビの「素人のど自慢大会」に出て歌ったことです。もちろんＸの許可はなく、Ｙもテレビには本名で出て、「赤いグラス」など当時のヒット曲２曲を歌いました。これは、明らかに準専属契約違反です。同時に、あまりまだ知られていない無名の歌手かもしれませんが、レコードも出している人が、「素人」と銘打つのど自慢大会に出るのも、本人はもちろん、それが属する会社の名誉にも関わります。そこで、Ｘは、Ｙのレコードでまだ売れていないものを市場から回収しました。

　この準専属契約には、歌手が契約違反をした場合の違約金条項があり、そこには明確に 500 万円の違約金を払わねばならないと規定していました。そこでＸはその 500 万円を求めて訴えたのですが、第１審の地方裁判所も、この名古屋高裁も、500 万円という違約金の金額は暴利であり、公序に反するとして無効としました。

●アメリカ人にとっての驚き●

　いったい、この事件のどういうところがアメリカ人にはおもしろいのでしょうか。「えーっ」という驚きの部分はどこにあるのでしょうか。

1　違約金と懲罰賠償＝本件の焦点

　本件では、Ｙは、500 万円の損害は何がなんでも高すぎるではないかと主張しました。今から 50 年以上も前の 1960 年代の 500万円は、今の価値にすれば何倍にもなるでしょう（日銀のいうところによれば、消費者物価指数で比べると 4.2 倍というのですが、私の当てにならない実感ではもっと差があるような気がします。もっと

も 4.2 倍すれば 2100 万円なので、やはり相当の高額です。アメリカ人にとっても、それが 500 万円そのままでも、5 万ドルといえば、やはりそれは簡単に支払えない額だと思うでしょう)。

　X は、このような主張に対し、実際にそれに近い損害が生じているのだと反論しました。たとえば、その 1 年間に宣伝費に 320 万円かかっているとか、2000 枚以上のレコードを回収して損害が生じたとか、さらにまた会社の信用が毀損されて 100 万円の損害が出たと主張し、おおよそ 500 万円に近い損害が実際に生じたのだと論じました。

　しかし、裁判所は、たとえば宣伝費はこの歌手ばかりでなく全体のために使われたのであり、320 万円の宣伝費が無駄になったとの証明はないと退け、会社の信用毀損もそれが 100 万円に相当するとの立証もなされていないとしました。そして、レコードを回収せざるを得なかった分は損害と認めましたが、それでも最高に見積もっても 55 万円程度だとしました。そして、その金額に比べても 10 倍近い違約金の定めは、暴利といわざるを得ず、信義に反し、公序違反で無効と判断しました。

　判決の中では、X 側の主張として、次のようなくだりがあります。

　「そこで本件の歌手準専属契約であるが、この契約の究極の目標とするところは被控訴人である Y が歌手としてスターにまで育つこと、及びそれによつて控訴人であるレコード会社が利益を受けることである。この目標を達成するためレコード会社は歌手を育て明日のスターへの道を歩ませようと資本を投下する。そして歌手はレコードが売れることによつてレコード会社へ貢献する。しかし歌手がスターへの道を歩むためには多くの場合地道な努力

が必要である。たとえば、現在スターの座を獲得した流行歌手扇ひろ子、千昌夫にしても売れないレコードを抱えて二年、三年という下積み生活を経ている。そしてこの間、本件被控訴人Ｙのようなテレビの素人歌謡番組に出るが如き非常識なことをしなかつたために売れなかつたレコードが次第に売れ始め、今日の栄光を獲得したのである。もし本件のＹの如き行為をなしていたならば『レコードは出ているがあの歌手は素人にすぎなかつたのか』と、一般大衆に評価され、恐らく今日の栄光は得られなかつたであろう。そうなつていれば本人にとつても、又レコード会社にとつても非常な損失であつた。このように、歌手にとつても、又レコード会社にとつても甲第一号証契約書第九条に定めるような規約は未来の計り知れない利益のために、何としても守られねばならないものである。そしてそのための違約金の約定として金五〇〇万円は決して高すぎるものではない」（傍線筆者）。

　この文中には、千昌夫のように私にとつても懐かしい名前も出てきて興味深いのですが、その焦点は、「違約金の定めは、何としても守らなければならない契約として、当然のことである」という部分です。
　実際、わが国では、契約中に違約金条項を置くこと自体は適切なことです。民法第420条も次のように定めています。
　１．当事者は、債務の不履行について損害賠償の額を予定することができる。この場合において、裁判所は、その額を増減することができない。
　２．賠償額の予定は、履行の請求又は解除権の行使を妨げない。
　３．違約金は、賠償額の予定と推定する。

3項にあるように、違約金は賠償額の予定と推定するのですが、それは、当事者が予定したものと解釈して違約金の定めを有効にしてくれるという意味です。明確に予想される損害の数倍の額を違約金と定めても、それで本件の裁判所のように無効としてくれるわけではありません。それなのに本件で無効となったのは、単純に損害として立証できた額（それもぎりぎり認める可能性のある最高限度の額）の10倍に近いというだけではなく、他の要素も勘案してのことです。まず、本件の契約当事者の一方のYが、千昌夫のように大スターでその人が何らかの契約違反をすると会社は大損害を被るというケースではなく、ほとんど無名の歌手であり、それだけ弱い存在であったこと。さらに、判決でも明言しているのですが、500万円という違約金が、専属契約であれ、本件のような準専属契約という特異な契約であれ、一律に定められていたという点が大きいと思われます。

　要するに、損害を上回る違約金条項を定めても、わが国では直ちに無効とされることはないということです。原則はXの主張するとおりなのです。契約を守らせるために、違約金条項で違反に対する歯止めとすることは、日本法では適切なことです。何しろ、それが嫌なら自分が契約した約束を守ればいいのですから。

　2019年に問題となったことの1つに、コンビニエンス・ストアのオーナーが、人手不足や経営不振で、途中でやめたくなっても、解約手数料（つまり違約金のことです）が高すぎて、やめるにやめられない。24時間営業という会社のルールを守らないと契約違反になるが、それでは身がもたなくて、健康を害したり、あるいは場合によっては自殺者まで出ているという問題がありました。「契約は何としても守られねばならない」という考え方が、弊害を生んでいる実例が、今でも続いているということです。

2 違約金と懲罰賠償——アメリカでは

さて、アメリカ人ならどう考えるのでしょうか。

違約金条項を英語に翻訳すると、penalty clause になります。契約違反に対しペナルティを課すための条項ということです。アメリカの法律家にとっては、これはそもそも無効です。契約違反に対しペナルティを課してはならない、これがアメリカ法のルールです。実際に被った損害の賠償だけしか、請求できないというのがアメリカ法です。

確かに、アメリカにも、損害賠償の予定条項（liquidated damages clause といいます）は存在します。しかし、その予定額が、実際の損害よりも高い場合（暴利と呼ばれるほど高すぎるのではなくとも実損害にほぼ近いものでないと、高いといわれます）、それらはすべて無効とされます。

おもしろいことに、逆に、実際の損害より低い額を定めるのは有効とされます。たとえば、デジタル・カメラの前の時代の古い例で恐縮ですが、カメラのフィルムが感光して写したものがすべて消えてしまった場合、カメラ屋さんは、代わりのフィルムだけを提供して、それ以上の損害賠償を免れることがありました。それはあらかじめ、現像を引き受ける際の契約に書かれていたのです。もしもそうでないと、写っているものがどれだけの価値のあるものかは、カメラ屋さんにはわかりませんから、とんでもないことになります。たとえば一生に一度しかない新婚旅行の写真だったり、あるいは企業にとって重要な何かが写っているものだったり。アメリカでは、このような場合に備えて、あらかじめ自らが負担するリスクを限定すること、それを明記したうえで契約を結ぶことは、当然かつ立派な契約行動です。

ところで、本件を読んでアメリカ人の法律家が想起するのは、

アメリカの懲罰賠償について連邦最高裁が出した 2003 年判決 (State Farm Mut. Automobile Ins. Co. v. Campbell, 538 U.S. 408 (2003)) でしょう。そこでは、明確に損害賠償額の 10 倍以上の懲罰賠償を認めることは憲法違反（デュー・プロセス条項違反）の疑いが強いとはっきり述べており、ほぼ 10 倍という違約金が公序違反だとした日本の判決は、一見するとこの判決と似ているからです。

しかし、違約金の話と懲罰賠償の話には、大きな相違点があります。前者は契約違反に対するもので、後者は不法行為に対するもの、とりわけ悪質な不法行為に対するものだからです。そして、日本では、どんなに悪質な不法行為でも、損害賠償以上の救済は認められていません。悪質な加害者に対し損害以上の賠償責任を負わせて、二度と同じような行為をさせない、また他の人たちにも強い警告を発するための懲罰賠償制度（これはそもそもアメリカの不法行為制度が、損害賠償ではなく、不法行為の抑制を主目的とするためです）を日本法は採用していません。あくまでも、損害の塡補が主目的だとしているからです。

アメリカでは、逆に契約違反に対しては懲罰賠償を認めません。日本の場合、契約違反でも不法行為でも、その救済の基本は実際上、損害賠償であり、その意味では同じ扱いをしているのですが、アメリカでは、契約違反と不法行為では、損害賠償の中味も違うのは当然とされ、そのうえ悪質な不法行為には懲罰賠償も加えられます。契約違反と不法行為ではまったく異なる法的対応がなされるのです。なぜかといえば、片方は不法行為なのですから、当然それに対し、重い責任を問うべきだろうというわけです。ついでにいえば、故意による不法行為は過失による不法行為より悪質ですから、損害賠償も過失のケースより広くなり、懲罰賠償も加

えられて当然となります。質的な相違のある事態に対し、異なる法的効果を考えるのは自然でしょう。そういうアメリカ人にすれば、契約違反と不法行為で同じ法的救済という日本法の原則自体が驚きかもしれません。

　実は State Farm 判決は、題名を見ればわかるように保険会社が訴えられて、下級審では 1500 万ドル近くの巨額の懲罰賠償が認められた事件です。自動車の賠償責任保険に入っている被保険者が事故を起こしたのに、保険会社は保険金支払いを拒み、訴訟で勝てる見込みもないのに支払いを遅らせ、負けると保険金額（それは裁判で認められた賠償金額よりはるかに低いものです）を払ってそれで終わりとする態度が問題となりました。このような保険会社の行為は、アメリカの多くの州では、もはや契約違反の域を越えて、「不誠実な契約違反という不法行為」だとされているのです。不法行為ですから、懲罰賠償も認められます。しかし、連邦最高裁は、あまりに巨額な懲罰賠償は、法の適正手続（実体的デュー・プロセスと呼ばれるもので、単なる手続違背ではありません。ルールの内容自体が適正であることを要求するという意味です）という憲法条項に反するとし、しかも損害の 10 倍以上はそれにあたると明示したのです。

　また、細かなことでいえば、日本の違約金は、多数説によれば、損害賠償に加えて支払うよう命じられるものではありません。それ自体が、損害賠償にあたります。それに対し、アメリカの懲罰賠償は損害賠償に加えて認められるもので、その点も、見過ごすべきでない相違点です。

　しかし、日本の契約違反に対する違約金は、損害額を越えて定めても通常は公序違反になりません。そういう意味では、このレコード会社の事件は例外的判決です。たとえば、予想される実損

害の2倍どころか、もしかしたら5倍程度を違約金条項で定めても、暴利とはいえないとされる可能性も強いでしょう。

ところが、それが不法行為の場合、不法行為の被害者は、通常、加害者との間で事前に違約金の定めを置いておくことはできません。交通事故の例を考えればわかるように、突然、事故により、不幸な出会いをするのが不法行為の加害者と被害者だからです。ということは、日本では、場合によっては（前もって、予定される損害を上回る違約金条項を定めておくことにより）、契約違反の被害者の方が、不法行為の被害者よりも手厚い救済を得られることになります。「えーっ」というアメリカ人の驚きの声が聞こえそうです。

さらにいえば、専属契約というのは、結局、独占契約です。英語でいえば、exclusive contract であり、独占する力を与えるような契約です。それは競争を排除する契約でもあります。そのような契約を、違約金条項で強制することを認める方向性は、自由と競争を国是とするアメリカでは、やはり「えーっ、どうして」という反応になるかもしれません。

3 ルールのあり方、明確度の違い

最後に、もう一度日本のレコード会社の事件の判決に戻ってみましょう。この事件で、名古屋高裁は、500万円の違約金条項は公序に反するとして無効にしました。それが、損害として認められる最高の額でも55万円程度であり、その損害に比べて高すぎるので暴利にあたるとして。しかし、単純に金額だけを比べて公序違反で無効にしたわけではないようです。

先にも述べたように、本件の契約当事者の一方がほとんど無名の歌手であり、それだけ弱い存在であったこと、また、500万円

という違約金が、名の売れた専属歌手であれ、本件のように無名のいわば試用期間のような準専属契約であれ、画一的に定められていたことも、裁判の結果を導いた重要な点だったと思われます。判決では、さらに会社側に報酬の未払い部分があることにも言及しています。

　ここで指摘したいのは、このような高裁判決は、その後の判例に一定の影響は与えるでしょうが、そこでのルールはまだ明確でないことです。違約金条項については、損害額を大きく上回る場合は暴利行為として公序に反し無効とするともいわれますが、この場合も、大きく上回るとはどれだけを意味するかは明確でありません。

　これに対し、アメリカの懲罰賠償に対する連邦最高裁判決は、はっきりと損害の10倍を超えると憲法違反の疑いが濃い、と言い切っています。もちろん「疑いが濃い」というのでは、言い切っていないではないかと反論されるかもしれません。しかし、そう最高裁に言われれば、原則として10倍ルールが存在することは誰でも認めざるをえません。ところが、日本の判決では、このように明確な基準を示すという部分が弱く、事案ごとの総合判断として、具体的妥当性を探るということになりそうです。

　その背景には、アメリカでは、裁判所こそが法を作る機関であり、特に控訴審以上の裁判所は法律審として、法の意味を明確にする役割を担うということがあります。それに対し、日本では、裁判所の役割はあくまでも法の適用であり、ルールを明確にすることよりも、その事件での妥当な解決を目指すものとされています。しかし、法律で何もかも明確なら、ほとんどの法的紛争は起こるはずがありません。法律の意味を知るためには、解釈が必要であり、言い換えれば、解釈を通して、本当の法律の意味が明ら

かになります。それを「法を作る」と呼ぶか、「法を解釈する」と呼ぶかは、言葉の問題にすぎません。そうだとすると、より明確で具体的なルールを社会に示すという役割が、裁判所にあり、それは日本の裁判所も同様だと考えられないでしょうか。

アメリカでは「違約金を払え」という条項は無効です。でも、日本では原則として有効とされます。約束したことは守るべきだというのは、倫理的に考えて当然なように思われますが、それも契約の中味次第です。では、どういう場合に違約金条項が有効となって、どういう場合は例外的に無効とされるのか、ルールが明確にならないのは日本法と日本の裁判の特色かもしれません。

第3話　愛人への贈与契約

愛人にキャッシュ・カードを預けるのは、法律的にはどのような意味をもつのでしょうか。ここでも日本では契約の話になります。アメリカではそうはならないのに。ともかく銀座の恋の物語を紹介しましょう。

　契約の章の判例第3件目は、愛人への贈与が問題となった事例で、これもまた、いくら日本法の契約がアメリカよりも広い範囲をカバーするとはいえ、日本法を学ぶ教材にするなら、契約としてもっと典型的な事案はなかったものだろうかと思います。しかし、ラムザイヤー教授は、この判決に注目し、英語に翻訳して、アメリカのロー・スクールで利用しているわけです。

　東京高裁が判決文の中で示す事案は次のようなものです（東京高裁昭和57年（1982年）4月28日判決、判例時報1048号109頁）。なお、英語での判例名は、Kono v. Otsuyama と表記されており、日本の判例集では、甲野太郎と乙山花子の争いとして匿名化されています。以下では、簡単に、訴えた男をX、訴えられた女をYと表記しましょう。

　最も重要な事実は、判決文において以下の数行でまとめられています。Xは銀座の酒場モンテカルロの顧客として同酒場のホステスとして勤めるYと知り合い、その後両人は、Xの家やYの

家、または都内のホテル等でしばしば肉体関係を持ったこと、X が 1975 年 9 月頃 Y に X 名義の本件 CD（キャッシュ・カード）を交付したこと、1976 年 1 月 24 日と 26 日の両日に亘り、Y が本件 CD を利用して本件預金口座から金 277 万円の現金を引き出したこと、という事実です。これらの事実については当事者間に争いはありません。

　判決文は、その後、X と Y の関係の始まりから紛争に至るまで、「微に入り細に入り」とまではいえなくとも、相当詳しく説明するのです。それによれば次のような経緯が X と Y の間にありました（以下の説明は、判例集の文章を基本的に利用したので、やや硬い文章を含みます。それにこんなに細かく判決文で書く必要があるのかと思われるかもしれません。しかし、それが日本の裁判なのです）。

　①　X は 1974 年 12 月、忘年会の後会社の顧客の接待で銀座の酒場「モンテカルロ」を訪れ、そこで Y と知り合った。その日のうちに Y の電話番号を聞き出した。

　②　それから間もない 1975 年 1 月 2 日、X は Y に電話して原宿駅前の喫茶店に誘い、マックスの口紅その他の化粧品を贈って、さらに付き合ってほしいと求めたが、その日は断られた。しかし、翌 1 月 3 日再び Y を表参道の喫茶店に誘い出し、そこで食事を共にしたあと、X はたまたま正月で同人の妻が帰省中であったのをよいことに、Y をタクシーで X の家に連れてゆき一泊させた。このとき X はすでに妻帯者でありながら、妻のあることを同女にさとられないよう巧みに行動し、そのため Y は、X が「彼女はいるが独身男性である」と信ずるに至った。

　③　その後、X はモンテカルロを訪ねたり、また同酒場の外で

Yと落ち合って、度々都内のホテルや旅館、またはY方で肉体関係を重ねるようになった。

　④　そうするうち、1975年5、6月頃、YはXの子を懐妊するに至った。Yは7月に妊娠中絶術（妊娠2月始め）を行った。これに対しXは自分の子でないと否認しながらも、10万円をYに交付して、これを慰藉した。

　⑤　XとYとの情交関係はさらに進行していたところ、Xはその後もモンテカルロに飲みに行き、その代金を現金またはつけで支払っていたが、あるときYから、飲食代金の支払の利便のためクレジット・カードがあれば出してほしいと求められた。そして、Xは1975年9月頃、クレジット・カードではなく本件CDをYに手交したうえ、同夜Yといつもの肉体交渉を重ねた。

　⑥　その後、Yは、右キャッシュ・カードを使用して、和服の代金にあてるため本件預金口座から6万円を引き出した。Xはそのことを事後的に知らされたが、これに了承を与えた。そしてXは同年10月、11月、12月と月を重ねるにつれ、足繁くモンテカルロを訪ねることが多くなり、12月に入ると、連日続けて飲みにいくこともあった。そして12月14日、XはYをホテルに誘い同宿した翌朝、85万円の賞与袋をYに手渡し、本件預金口座に振り込むよう頼んだので、Yは翌16日これを本件預金口座に振り込んだ。ついでXは12月18日、手持ちの株券の売却代金246万6515円を同じく右預金口座に振り込んだ。当時同口座の預金現在高は通常10万円台で推移していたところ、ここに至って一挙に264万1002円に達した。そしてこの銀行振込をしたことを、XはYに知らせた。

　⑦　Xは、1975年末から年始にかけて妻が実家に帰省することを奇貨として、3泊4日の名古屋方面への年末年始旅行を計画

し、Yを誘って、31日夜は名古屋都ホテル、翌元日の夜は湯の山温泉のとらやホテル、2日の夜は東京へ帰ってホテル・オークラにそれぞれ同宿し、3日の夜はYの家に宿泊し、肉体関係を続けたあと、翌4日の御用始めには、Yの家から初出勤した。この時点までで、XはYとの間で、少くとも20回を下らぬ肉体交渉を続けてきた。

⑧　ところが、1976年1月中旬ごろ、Xが不注意にも、Yに依頼して現像焼付した写真フィルムの中に、Xの妻とおぼしき女性の写真が撮されていたことから、Xが独身男性であるとの虚偽が露顕した。そこでYは早速区役所の住民票を調査したうえ、Xの家に同月23日電話をして、電話口でXの妻の存在を確認し、いたく激昂するとともに著しい精神的打撃を受けるに至った。そこでYは翌24日及び26日の両日に亘り、本件預金口座の残高の殆んど全部にあたる277万を現金で引出し、うち21万480円をXのモンテカルロの飲食代金に充てたあと、残金205万9520をすべてYの手中に収めた。そして、本件CDをXに返すとともに、同人との一切の関係を打ち切る旨宣言した。

　以上が判決文の描写による「銀座の恋の物語」です。ここまででわかるように、安手の恋愛小説のような事実関係が描かれ、ラムザイヤー教授もそれを丹念に英訳しているのです。判決文のこのような説明の後で、この事案が法律的紛争となり、また、それに対する法的分析がなされるわけですが、そのためにこれだけの細かな事実の認定が本当に必要なのだろうかと、アメリカ人でない私自身感じました。こんなに詳しい経緯を認定し、しかも判決文として残すのですから、当事者について甲野とか乙山という匿名表記も仕方がないかもしれません。しかし、他方で、ホテルの

名前や、ここでは省略しましたが喫茶店の名前は実名で表記されており、アンバランスな感じも否めません。

さて、ともかくも法律的紛争の話に戻りましょう。Ｘは、口座からＹが200万円以上の金銭を引き出した行為は違法であるとして、それらを返還するよう求めました。Ｙは、これに対し、それらはＸからの贈与であり、贈与契約の履行としてなされた行為であるから、自分のものだと主張したわけです。そこでキャッシュ・カードを預けた行為が贈与契約だったのか否かが問題となり、契約の章に取り込むことのできる事件となったのです。

裁判所は、第１審の東京地裁も、本判決の東京高裁も、Ｘの主張を退け、Ｙを勝訴させました。判例集ではこの後、Ｘは上告したことになっていますが、最高裁がＸの主張を認めたという記録は出てきません（つまりこのまま確定したということでしょう）。

さて、法的な分析は一見すると明快です。判決部分を引用すると、

「キャッシュカードの所持人は、当該預金を自由に引出すことができるのであるから、これを他人に交付することは現金を交付することと殆んど変らない意味を持つと考えられ、又婚姻外で性的関係を継続している男女の間で男が女に現金を交付したときは、特段の事情がない限り贈与する趣旨であると解すべきであるから、同様の男女の間で男が女に対してキャッシュカードを預けっぱなしにした場合においては、当該男女間に反対の趣旨の明確な合意があれば格別、そうでない限りは預け主たる男は、女において当該預金を自由に引出して消費することを許容しているものと解すべき」である。

ところが、本件の場合、それと反対の趣旨の明確な合意がないから、贈与の合意があったことになるというわけです。

●アメリカ人にとっての驚き●

いったい、この事件のどういうところがアメリカ人にはおもしろいのでしょうか。「えーっ」という驚きの部分はどこにあるのでしょうか。

1　当事者は匿名

まず、当事者名が匿名化されている点に注目するでしょう。アメリカのロー・スクールで扱う判例は、ほとんどすべて実名で表記されています。家族事件の場合もそうです。たとえば、これも古い話になりますが、「クレイマー、クレイマー」（Kramer v. Kramer）という名前の 1979 年の映画がいくつもアカデミー賞を取りました。主演は、ダスティン・ホフマンとメリル・ストリープで、この 2 人がその後も有名な俳優として成功し続けたのはよく知られています。この映画は、離婚した夫婦の子どもの親権をめぐる訴訟を描いたもので、題名自体が、クレーマー（本件では元妻）がクレーマー（元夫）を訴えたという訴訟の表題そのままです。ちなみに、クレーマーは claimer ではないので、文句をつける人という意味ではなく、単なる名前（ファミリー・ネーム）です。もちろんこれは映画の話ですが、アメリカでは、本当の訴訟も、このような実名表記が当然とされます。

何しろ、裁判の公開は、憲法でも保障されている手続であり、公開された裁判の記録もまた公的記録ですから、匿名化するということは原則としてありえません。

例外的に、たとえば 1973 年の連邦最高裁判決、Roe v. Wade（410 U.S. 113（1973））のように、妊娠中絶の権利を求めて訴えた女性を匿名化して Roe（ちなみに Wade の方は、多くの中絶事件を犯罪として起訴した検察官で実名です）を保護する場合があります。

子どもが主人公になるような訴訟でもそういう例があります。これらは特に当事者を保護する事情がある場合で、Roe 判決のような場合には、狂信的な生命保護論者が彼女を傷つけかねないという危険があったのでしょう。当時のテキサス州では、どんな目に遭うかわからないという状況があったと思われます。

　ところが、日本では、愛人関係にある当事者に関する金銭をめぐる争いもこのような形で判例集の表記は匿名化されるのが当然とされています。近年は、個人情報保護法の影響でそれがいっそう強まっているといえます。今なら、本件判決のように喫茶店の名前や２人で泊まったホテルの名前と日時まで詳細に記述すれば個人が特定される可能性があるとして、もう少し匿名化する範囲を広げるかもしれません。

　もちろん、判決文自体は匿名で書かれているわけではなく、本件のような損害賠償事件は公開の法廷で行われていますから、完全に匿名の手続になっているわけではありません。それは公的記録として保存され、そこでは実名が出ているはずです。

　公の記録を引用するのに、匿名化するというのは、それも個人のプライバシーであり、プライバシーは、日本では公的記録の正確性や検証性を上回る利益があると考えられているのでしょう。しかし、裁判での争いは、まさに自分の主張が正しい、自分の権利が侵害されている、と訴える場面です。もちろん相手方も堂々とそれに対する反論を主張し、証拠と立証責任のルールによって決着が付けられます。それは、恥ずかしいことで、他人に知られたくないことなのでしょうか（むしろ最近はそれに便乗して、役所で何か不祥事が起きた際に、個人のプライバシーに関するからという理由で、黒塗りの公文書しか出さないというように、濫用されているのではないでしょうか）。

英米の契約法の最も重要な事件に、Hadley v. Baxendale (1854) 9 Exch 341 という判決があります。これは、契約違反に対する損害賠償をどのように考えるべきかを定めた古典的判例で、日本の民法にまで影響を及ぼしたとされています。イギリスの事件ですが、アメリカでもオーストラリアその他でも、英米法の国の法律家なら誰でも知っている事件です。そして、それは、ハドレィ・バクセンデール事件あるいは法理として呼びならわされています。言い換えれば、意図せざることだったでしょうが、ハドレィさんもバクセンデールさんも、英米契約法の歴史に名を残したのです。そこでは、裁判に訴えることが恥ずかしいとか、個人情報だとかいうような発想はまったくありません。

　逆に、わが国では、いまだに裁判所に訴えるなんて、普通の人がやることではない、非常に恥ずかしいことだという意識が残存しており、そのことが近年の個人情報保護の動きと相まって、判例情報の匿名化を促しているような気がします。しかし、いったん裁判の場に持ち出せば、それは法によって裁かれるはずであり、それによって法の意義が明らかになるという公的側面を有するはずです。「単なる私的紛争の解決だけが裁判ではない」という考え方が日本では弱いのかもしれません。

　仄聞したところでは、当事者の一方または双方が外国人の場合に、判例ではそれぞれの国名も明らかにしない場合があり、国際私法では準拠法を定める際に必須の情報であるにもかかわらず、その学問的検討を阻害しているという話すらあります。

　裁判所の判決は、論文や科学研究の対象となりうるものですから、必要なら当事者に（もちろん許可を得てですが）質問して、判例の意義や妥当性を後で実証的に検証する必要もあるでしょう。安易な匿名化がそれを阻害していることは確かです。

ともかく日本において何が公的なもので何が私的なものか、裁判とは何のためにあるかを考えるのに、この事件の匿名化は関係しています。

2　贈与契約と委任契約——契約の解釈

　さて、本件の法的な争点に移りましょう。判決によれば、訴えたX（男）の方は、「XはYに本件CDを預けたのはもっぱらXがYの勤務するクラブでの飲食代金支払の便宜のためであったと主張し」ました（判決でも、キャッシュ・カードを渡した契機はそのようなものだったと窺われると認めています）。同時に、仮に贈与のような合意であったとしても、「右のような男女関係において女がキャッシュカードを用いて預金を自由に引出し消費しうるのは、男女関係が円満に継続している場合に限られ、男女関係が破綻した場合には、女の右の権利は当然に消滅する」とも主張したようです。

　200万円余りを引き出したYの言い分は明確で、これはXからYへの贈与があったのであり、贈与されたものを引き出しただけだという主張になります。

　これに対し、Xの言い分は、そもそも贈与ではなく、クラブでの飲食代金支払いを委任したもの（委任契約、あるいはその範囲での代理権の授与）があっただけであり、200万円余りの全額を勝手に引き出すのは契約違反（または代理権を超えた権限濫用）であるというわけです。なお仮に、贈与だったとしても、それはXYの関係が円満だった場合という条件付きのものであり、その条件が消滅した時点で契約は終了したという主張も付け加えたことになります。

　いずれにせよ、贈与契約か委任契約か、この契約の趣旨は何か、

いかなる合意が結ばれたのかが問題とされています。裁判所は、結論として、本件は、条件のない贈与契約だと解釈しました。先にも引用したように、「キャッシュカードの所持人は、当該預金を自由に引出すことができるのであるから、これを他人に交付することは現金を交付することと殆んど変らない意味を持つと考えられ、又婚姻外で性的関係を継続している男女の間で男が女に現金を交付したときは、特段の事情がない限り贈与する趣旨である」というわけです。

さらに、円満な関係が続く限りという条件付きの贈与だったという主張に対しては、「婚姻外の男女関係が破綻した場合、経済的な強者である男が、弱者である女に損害賠償ないし慰藉料の趣旨でいわゆる手切金を支払うことは世間に極めてしばしば見られる現象であるから、キャッシュカードを預けられた女がこれを手切金の担保と理解するであろうことは、社会通念上当然」と述べて一蹴しました。

このような論旨の展開が、アメリカ人にとって驚きなのは、以上のような契約解釈のあり方です。いくつか項目を分けて説明してみましょう。

① 贈与契約か委任契約か

一般にキャッシュ・カードを預ける行為が現金の贈与に匹敵すると裁判所がいうのは、疑問です。必ずしもそうはいえないでしょう。通常は、むしろキャッシュ・カードを自分の代わりに使ってもらって何らかの支払いをするような場合に、信頼できる相手に頼む行為が多いでしょう。本件でも、判決文自体が、キャッシュ・カードをXがYに預けたのは、当初は、Yの勤務するクラブでの飲食代金支払の便宜のためであったと窺われると認めてい

ます。しかし、裁判所は、それに続けて、「それ以外の目的に本件 CD を使用しない旨の明確な合意があったとまでの事実を認めるに足りる的確な証拠は見当らない」として、委任権限（代理権）がもっと広いものだったと認定しました。

　それどころか、先に引用した部分にあるように、キャッシュ・カードの交付は現金交付と同様である、婚姻外で性的関係のあるような男女の間で現金を交付すれば、それは贈与の趣旨だとして、委任契約ではなく、贈与契約だったと認定したのです。

　これは、論理としては、当初、委任だったものが贈与に転換するようなアクロバティックな解釈をしていることになります。Xが Y に目的も定めず現金を交付すれば、それは贈与でしょう。しかし、一定の目的のためにキャッシュ・カードを預けた場合、それを贈与だとするためには、2 段階くらいの論理的なジャンプが必要です。

　まず、本件では現金を交付しているわけではありません。次に、現金でも、特定目的で預けるのなら贈与にならない場合もあるのに、いわんやクラブの飲食代金の清算を行うためにキャッシュ・カードを預けた行為が、このような男女関係なら目的を定めない現金の贈与と同じだと認定してしまっているのです。

　もちろん、X はそんなことはないと否定していますし、裁判所の認定を裏付けるような文書も言明もありません。それでも、本件のような男女の関係で、キャッシュ・カードを預けた行為が現金の贈与と同じことであり、関係が切れた場合に手切れ金として現金を引き出すのも「世間に極めてしばしば見られる現象」であって、「社会通念上当然」として、契約の解釈をしているのです。逆に、そうでないのなら X は明示的な契約をすべきだったが、そのような趣旨の合意は見られないとして、結論を正当化してい

ます。

　このような論理展開を見ると、本件の裁判所の考え方が見えて
きます。

　　(1)　XからYへのキャッシュ・カードの交付は、当初は、一
　　　　定の目的のための委任契約の色合いがあったが、その後、預
　　　　けっぱなしにしたことから、結局、贈与契約と認定される。
　　　　贈与契約は、日本法の場合、文書がない限り取り消すことが
　　　　できるものだが、贈与が履行されてしまえば、それは有効と
　　　　される。本件の場合、カードの交付自体が贈与契約の履行で
　　　　あり、またはその後の現金引き出し行為によって、履行がな
　　　　された。

　　(2)　そのような贈与契約が存在したと認定される最大の根拠は、
　　　　社会通念である。「世間に極めてしばしば見られる現象」で
　　　　あって、「社会通念上当然」という判決文の表現が何よりも
　　　　それを物語る。

　しかし、このような認定は、少し事案が別なら大きく変わって
きそうです。たとえば、Yがクラブのつけの清算にだけ利用する
からとはっきり明示してカードを預かったとしましょう。それな
ら、単純な贈与契約は認定できなかったはずです。たとえ預けっ
ぱなしにしてあっても、当初の意図があいまいになっていつの間
にか贈与に変わったというのは説得力がありません。

　株式で儲けた200万円余りを現金でYに渡したのなら、気前
のいい贈与行為だとも思えますが、先のような趣旨の口座に振り
込んでいるのですから、それで贈与があったというのも躊躇を覚
えます。

　さらに、仮に、関係破綻を機敏に察知したXが銀行に駆けつ

けて200万円余りを先に引き出してしまったとしましょう。今度はYがXを訴える形になりますが、その場合でも、社会通念上贈与が履行された状態にあったとして、裁判所はYを勝たせてくれるのでしょうか。もちろん同じ結論になるかもしれませんが、現金を実際に引き出してはじめて履行済みと考えれば、異なる結論が出そうにも思います。

　率直にいえば、本件の場合、当事者の意思や合意よりも、Yという女性に金銭の返還を命ずることが妥当でないという判断がまずあって、それを正当化するための契約解釈をしているようにしか思えません。後でも述べますが、何しろ、Xという男はYに中絶までさせて、独身だとだましていたのですから。しかし、少し違う事実関係であれば、結論も変わってきそうな気さえするので、抽象的に「愛人にキャッシュ・カードを交付したら贈与契約履行」とはいうものの、実は不確かな基盤の上に判決が成立しているような気がします。

　このように裁判所が積極的に契約解釈の名のもとに、あえていえば恣意的に契約を利用して結論を導く手法に、アメリカ人は最も驚くのではないかと思います。何しろ、アメリカの場合、契約はまさに当事者が決めるもので、それが明確でないリスクは、そのリスクで不利益を被った当事者が負わねばなりません。しかし、アメリカでそのようにいえるのは、当事者が契約段階で合理的なリスク配分をした結果であるからです。そもそも、本件が契約紛争になること自体が、そして契約の解釈という形で結論が導かれることが、アメリカでは想定されにくいのです。次項で説明しましょう。

② アメリカでは贈与は契約ではない

　そもそも日本の読者は驚かれると思いますが、アメリカでは（アメリカの法律家にとっては）、贈与は契約ではありません。実は委任も契約ではありません。日本法の言葉でいえば、アメリカの贈与は物権行為であり、委任は代理権授与行為です。いずれも「単独行為」です。

　日本法において、贈与が契約であるとは、贈与の約束をすれば（特にそれが書面でなされた場合）、後で贈与を後悔してやめようとした当事者（贈与者）に対し、贈与を受ける予定の者（受贈者）が訴えれば、裁判所はそれを認めるということです。

　アメリカの裁判所は、このような約束はたとえ書面でなされていても、その訴えを認めてくれません。なぜかといえば、それに対する最も形式的な回答は、「そこに約因（consideration）がないから」です。では約因とは何か。それはアメリカの契約を有効にさせるために必須の要素であり、その中味は、将来的取引を裏付ける対価関係です。「対価」といってもよく、贈与の場合、一方的に利益を与えるだけで、対価はないので、贈与は契約と見なされていません。アメリカでは、対価関係のある取引（deal）だけを、わざわざ裁判所という公権力を行使して法的効果を認めるべき関係、すなわち契約（contract）だと考えてきたのです。贈与のように、一方的に利益を与える関係は、自主的にそれが履行されるなら有効な財産権の移転としますが、履行をやめたという場合、それをわざわざ公権力で強制するほどのことはないと考えているのです。

　委任の方は、委任契約ではなく、代理権の授与と考えます。それによって生ずる関係は、本人・代理人の関係であり、そこでは代理人は当然に信認義務（fiduciary duty）を負います。本件の場

合、カードの交付が代理権の授与なら、Xが指示した代理権の範囲内でYは正当な権限を有し、Yは、Xに対し、注意義務（日本でいう善管注意義務であり、カードの管理を注意深く行うことになります）と忠実義務（本人であるXのためにカードの利用をする義務）を負います。

したがって、本件をアメリカ人の法律家が代理権の授与と考えると、Yの行為を正当化するのは難しくなります。代理権の行使のために必要なら、カードを預けっぱなしにすることもむしろ当然であり、それだけで代理権の授与が口座の全額贈与という話に変更することはありえません。

次に贈与の方も、判決文自体が、「Yから、飲食代金の支払の利便のためクレジット・カードがあれば出してほしいと求められた」ので（クレジット・カードでなく）キャッシュ・カードを渡したと認めているので、それをもってキャッシュ・カードの交付は現金の交付（つまり贈与の履行）と同じとはいえないでしょう。クレジット・カードを渡さなかったのも、もちろんクレジットの記録が家に送付されて関係が露見するのを恐れたこともあるでしょうが、クレジット・カードの方が、金額の制限が緩くて大きな金額がYによって引き出されるのを嫌ったためかもしれません。それなら別口座を開設し、自分で口座の金額を管理できる形にして、そのキャッシュ・カードを与える方がリスクは少ないと考えた可能性もあります。

いずれにせよ、アメリカ法の下での法律構成では、Yが勝訴するのは容易ではありません。そういえば、事実認定の中で、Yが買った6万円の和服の件が出ていました。勝手に口座から引き出したお金で購入したものを、Xは黙認したわけです。そこから、口座の金銭のすべては、すでにYのものになった、つまり口座

の中味についての贈与が履行されたと考えることができるかどう
か。

　実は、アメリカでも、履行済みの贈与は、日本でいえば一種の
物権行為として有効と認めてくれます。だから、本件でも、贈与
行為がありすでにそれが履行されたとされるなら、アメリカ法の
下でもYが勝つ可能性があります。キャッシュ・カードを手渡
す行為が、贈与の履行にあたるかが焦点となります。

　しかし、そうだとすると、先に述べたように、Xの方が俊敏に
銀行へ赴き、200万円余りを引き出してしまっていて、Yから訴
える形をとっても、履行済みのYへの贈与の金額をXが勝手に
引き出したということで、裁判所はYを勝たせなければなりま
せん。本件の日本の裁判所は、キャッシュ・カードを預けること
は現金を交付するのと同じだと大胆に判断し、あたかもその時点
で贈与の履行が終わったような記述をしていますが、本件でもま
だ通帳はXのところにあり、Xも現金を引き出すことができる
以上、カードを預けたからYへの贈与は履行された、とするの
はいかにも無理な感じがします。アメリカでも、本当の履行済み
の贈与だとされるのは、口座から引き出した現金をYに直接与
えるか、あるいは和服の6万円のように、引き出した現金でのY
自身のための購入を是認するか（法律家は追認と呼びます）、さら
にいえば、通帳を含めてYに与える、もはやXには口座から預
金を引き出せない状態になり、Yだけが引き出せる状態にした、
ということでなければならないと考えられます。

　したがって、このように考えてくると、アメリカでは、贈与だ
としても本件では履行済みとはいえず、それどころかそれが代理
権の授与であれば、Yが口座の全額を引き出して自分のものにし
た行為は明らかに信認義務違反ですから、どちらにしてもY勝

訴という結論は出てこないでしょう。もしもYに有利な結論を出すのであれば、それは契約や代理ではなく、不法行為の事案として扱うべきです。Yは、独身だとだまされてXと付き合ってきたのであり、だまされたショックで神経症になったというようなケースが考えられます。いわゆる結婚詐欺です。ただし、通常、独身者とうそをついて一方がだます場合は、だまされた相手方が金銭も支出していることが多く、だからこそ詐欺の被害といえるのですが、本件では、おそらく金銭を支出しているのはもっぱらXだと思われますので、そうだとすると、アメリカでは不法行為としても訴えるのは難しいでしょう。結局は、男と女の別れ話であり、中島みゆきが歌うように「恋の終わりはいつもいつも、立ち去るものだけが美しい」（わかれうた）ので、だまされた者がショックを覚えて「泣き狂う」のは普通のことであり、それをすべて不法行為として裁判所が救済することはありえないからです。

　ついでにいうと、アメリカでは婚約破棄にも裁判上の救済はありません。裁判所が、婚約破棄の原因はどちらにあったのかというような真相究明をすることに意義を見いだせないと考えているからです。多くの州で、婚約破棄で慰謝料を求めるような訴訟を禁ずる法律ができています。

③　詳細な事実認定と契約解釈のあり方

　日本では、贈与契約が履行されたのだとして、Yを勝訴させました。贈与の意図などなかったとXは主張しており、かつ贈与の趣旨を明示した文書もまったくないにもかかわらず、それでも、裁判所はYに勝たせたかった。本件で、安手の小説のような記述が延々と続くのは、そのための伏線、あるいは説得力の積み重ねという他ありません。

(1) まず、本件のＸとＹの関係は、Ｘからの積極的なアプローチによること（これがホステスであるＹからのアプローチだったら、この関係への印象は違うでしょう）。

(2) その際に、Ｘは独身であると偽装していること。

(3) ＹはＸの子を妊娠中絶しており、その際に、10万円を供与していること。

(4) キャッシュ・カードを預けていること。その際に、Ｘが明確にその趣旨を限定していないように見えること。

(5) 実際、Ｙが現金を引き出して和服を購入したことについて黙認したこと。

(6) 関係の継続性。ずっと肉体関係が続いて、判決によれば「少くとも20回を下らぬ肉体交渉を続けてきた」こと（なぜ、このような認定まで必要なのか疑問の余地はありますが）。

　このような事実を記述することによって、本件の場合、Ｙを勝訴させることを正当化し、そしてそのための手段として贈与契約の履行という理屈になったのではないかと思われます。言い換えれば、贈与契約であることを、そしてそのような契約解釈を、以上のような背景事情から正当化しているのです。

　この点も、アメリカでは（アメリカの法律家からすれば）、驚きです。アメリカの契約には、それを文書にした場合、通常、完結条項（merger clause or integration clause）と呼ばれる条項が入り、その文書で表示されている以外の約束はいっさいないと明記されます。それがなくとも parol evidence rule（口頭証拠排除則）と呼ばれるルールがあり、最終的な契約文書以外の証拠は排除されます。つまり、アメリカの契約で重要な点は、当事者が定めたこと以外はできる限り認めないということです。「契約の解釈」とい

う名前で、外から意味を持ち込むようなことはしてはいけないと考えられています。もちろん本件では、文書があるわけではないのですが、それでも、本件の結論の導き方は、裁判所が、XとYの関係の経緯から契約の存在と内容を定めているように見えるでしょう。多少無理筋でも、当事者の関係を契約関係とみなして、それによる正当化をするという構図こそ、アメリカでは想定しにくいことだと思われます。

この事例でも、日本では、何でも契約に基づくことにすること、日本の契約が法観念としてアメリカよりも広い範囲で用いられること、しかもその内容も融通無碍な解釈によって定めることができること、というような特色が見られます。

3　その他の事項

本論とは関係ないのですが、本件の事案には、当時の時代を感ずる部分、現在の日本ではありえないことも見られます。YがXの住民票をチェックすることは、現在ではそう簡単にできないはずです。そもそも、写真の現像をカメラ店に頼むこと自体が稀でしょう。キャッシュ・カードでの現金引き出しにも今は金額の制限があるはずです。銀座のバーに日参するXのような人が今でもどれだけいるのかも疑問です（縁のない世界なのでわかりませんが）。

なお、アメリカで口座の利用を他の人に委ねる場合、キャッシュ・カードを預けるのではなく、そもそも共同名義口座（joint account）にすることが普通です。配偶者間はそれが普通ですが、別に結婚している相手でなくともかまいません。このような口座の開設は簡単であり、その後、それぞれの名前で小切手を切ることもできますし、それぞれがキャッシュ・カードをもつこともで

きるので便利です。何より、一方が死亡した場合、口座の残額は当然にすべて残った人（生残者＝survivorと呼びます）に自動的に帰属するので、当該口座に関する相続が簡単です。ある人が死亡すると相続の関係で簡単に口座からの現金引き出しができないとされる日本とは大きな違いがあります。

　ただ、アメリカで配偶者がジョイント・アカウントを開設して利用している場合で離婚するときは、その直前に一方が全額を引き出して、それが本件のように裁判で認められるかといえばそうはなりません。アメリカの場合、州によって、夫婦の財産所有のあり方が違い、カリフォルニアをはじめとする９つの州では、共有財産制をとっています。そこでは、基本的にジョイント・アカウントの口座も共有ですから、半分までは自分のものとしてよいのですが、逆に全額自分のものにすると半額までは相手方から求償されます。他の大多数の州は、日本と同じ別産制をとっていますが、ジョイント・アカウントの法的な取扱いは、共有財産制の州とほぼ同様に半分ずつの共有持ち分だと考えられています。そして、共同の財産を一緒に利用する制度として、さらに一方が死亡した場合には生き残った人が残額を全額取得することが認められる点で、きわめてユニークな、しかし有用な制度として広く使われています。

　日本でこれが利用できないのは、何よりも相続の際に相続人すべての間で「平等な配分」が行われるべきだとする信念（？）があり、その中で特定の２人だけで当該財産が承継されるとするような仕組みについて、銀行がそのようなサービスを提供してくれないからです。

　でも生命保険なら受取人を定めることができて、受取人のところに保険金が入ります。なぜ保険でできて、銀行口座ではできな

いのか、考えてみると不思議なことです。

　アメリカ人にとっては、日本にジョイント・アカウントがないことも驚きのはずです。

　日本では、愛人にキャッシュ・カードを預けたら、贈与契約の履行になると判例はいいます。しかし、それほど単純かつ明快な法理が打ち立てられたとは思えません。たとえば、ガール・フレンドにキャッシュ・カードを預けて、何かの支払いを頼んだら、口座の全額を引き出された、という場合を考えてみましょう。信頼した友人の場合も。これらのケースは、それが贈与であるか否かより、アメリカのように、信頼したのにそれが裏切られたという信認関係違反で考える方が、筋がいいように思われます。

　逆にいえば、日本ではこの事件でも女性を救済するのに、贈与契約とその履行という法的手段しかなかったのかもしれません。

第4話　生命保険契約と自殺

　　保険契約を結んだ後、被保険者が自殺しました。保険金はおりる
　でしょうか？　アメリカでは、契約から一定年限内（たとえば2年
　以内）の自殺ではだめですが、それを超えた時点での自殺には保険
　金が支払われます。そういう契約だからです。日本ではどうかが争
　われた判例を紹介しましょう。

　契約法の章では4つの判決が英訳されて教材となっています。
その4番目が、生命保険契約で、被保険者が自殺した場合に、
保険金の支払いを認めるべきか否かが争われた2004年の最高裁
判決です（最高裁平成16年（2004年）3月25日判決、民集58巻3
号753頁）。事案の概要は次の通りです。少し長くなりますが、
読んでみてください。

　①　原告のX株式会社は、1967年防水建築請負を主たる業と
して設立された。訴外Aは、1995年に死亡するまで代表取締役
であり、その後は妻の訴外Bがその座を引き継いだ。
　②　X会社は、1990年度以降損失が増加し、1994年度には損
失額が1億円を超え、1995年3月31日時点で借入額が2億
7000万円になるなど、厳しい状況にあった。
　③　X会社は、1994年6月、社長のAを被保険者とする4本
の生命保険契約を結んだ。被保険者はA、保険金受取人はX会

社だった。さらに 1995 年にも同様の生命保険契約を別の保険会社ともさらに 6 本結んだ。その他に傷害保険契約もいくつか結んでおり、A の死亡保険金は 13 億 8000 万円、災害死亡保険は 25 億 7500 万円にまでなっていた。

④　これらの保険契約には、死亡保険金の支払事由は「被保険者が死亡したとき」と定められており、また、保険者の責任開始の日から 1 年内に被保険者が自殺した場合には保険者は死亡保険金を支払わない旨の特約が定められていた。X 会社および A が支払うべき保険料の合計額は、1995 年 7 月には、月額 209 万円を超えていた。

⑤　A は、1995 年 10 月 31 日の午前中に X 会社が屋上防水補修工事を請け負っていた建物の中間検査に立ち会った後、同日午後 2 時 30 分ころ、屋上に上がり、そこから転落して脊髄損傷等により死亡した。だが、以上の経緯のもとでの事故であり、自殺によるものと認めるのが相当であるとされた。

⑥　X 会社は、契約締結後 1 年を超えた後で死亡した保険契約について、それに基づく保険金の請求を求めた。だが、原審である東京高裁は、（当時の）「商法 680 条 1 項 1 号は、保険者の責任開始後の経過期間を論ぜず、被保険者が自殺した場合を保険者の保険金支払義務の免責事由の一つとして規定している」（つまり自殺の場合保険金は支払われない）ことをまず確認した。そのうえで、「一般に、生命保険契約の保険約款においては、本件と同様の 1 年内自殺免責特約が定められている」ことも確認しながら、それでも本件では、次のように述べて、このような自殺免責を 1 年に限定する契約の適用がないとした。「責任開始の日から 1 年経過後に被保険者が自殺した場合であっても、保険者において、その自殺が専ら又は主として保険金の取得を目的としてされたも

のであることを主張し、立証したときには、同特約の存在にもかかわらず、保険者は、商法の上記規定に基づき、保険金支払義務を免れるものと解するのが相当である」。

⑦　これに対し、最高裁は、原審の判断を覆し、1年を経過した後の自殺については保険金を支払うよう命じた。その理由として、自殺の真の動機を解明することは難しいことや、通常、自殺による保険金取得目的で契約に入っても、それを1年も維持することも難しいという考えに基づいてこの種の特約がなされていると強調したうえで、次のように述べた（やや長文だが引用する）。

「上記の期間を1年とする1年内自殺免責特約は、責任開始の日から1年内の被保険者の自殺による死亡の場合に限って、自殺の動機、目的を考慮することなく、一律に保険者を免責することにより、当該生命保険契約が不当な目的に利用されることの防止を図るものとする反面、1年経過後の被保険者の自殺による死亡については、当該自殺に関し犯罪行為等が介在し、当該自殺による死亡保険金の支払を認めることが公序良俗に違反するおそれがあるなどの特段の事情がある場合は格別、そのような事情が認められない場合には、当該自殺の動機、目的が保険金の取得にあることが認められるときであっても、免責の対象とはしない旨の約定と解するのが相当である。そして、このような内容の特約は、当事者の合意により、免責の対象、範囲を一定期間内の自殺による死亡に限定するものであって、商法の上記規定にかかわらず、有効と解すべきである」（傍線筆者）。

●アメリカ人にとっての驚き●
　いったい、この事件のどういうところがアメリカ人にはおもし

ろいのでしょうか。「えーっ」という驚きの部分はどこにあるのでしょうか。

1　法律よりも約款

　当時の商法680条を引き継いだ現行の保険法51条は次のように規定しています。

　「死亡保険契約の保険者は、次に掲げる場合には、保険給付を
　　行う責任を負わない。……
　一　被保険者が自殺をしたとき」。

　つまり、この事件が生じたときも現在も、法律では、被保険者が自殺した場合には、保険金を支払わなくてよいとはっきり明記しているのです。しかし、結局、本件で最高裁は、自殺した場合であっても保険金を支払うよう命じました。それは、保険約款で、保険会社が保険金を支払わない場合（免責される場合）を、自殺についてこの当時は1年以内に限定していたからです。言い換えれば、この問題については、法律よりも約款が重要だとしたわけです。

　法律でわざわざ保険者の免責を定めているのに、約款で、保険会社が自ら免責期間を限定して、一定の場合に自殺のケースでも保険金支払いを自ら約束しているのは、アメリカの法律家にとって、興味深いことかもしれません。

　もちろん法律の定めには、日本と同様に、アメリカでも強行規定と任意規定の区別があり、それが任意規定であるとすれば、それに反する契約も有効とされます。先に掲げた法律も任意規定と解釈され、保険の実務では、一貫して、自殺免責は一定期間に限られるという扱いがされてきました。その背景には、英米をはじ

めとして諸外国でも、被保険者の自殺の場合はいっさい責任を負わない（保険金を支払わない）とはしていないこともあったかもしれません。

それでもアメリカの法律家から見れば、日本では、「法律よりも合意（契約）」ということを示す典型例としてこの判決に注目した可能性があります。たとえば、日本法では、遺言があれば遺言通りに相続がなされるのが原則ですが、実は、相続人の間で遺産分割協議がなされれば、それによることになっています。協議とは合意の別名であり、この場面でも合意中心主義という意味での契約の重さが表れているわけです。

2　契約の形式的解釈

このケースにおいて保険契約が保険法より優位にあることが理解できたとして、次の問題は、本件でも争われた「被保険者自殺の場合の保険者の免責期間を1年以内に限る」契約条項の解釈です。原審である東京高裁は、当時の商法（今の保険法）で、被保険者が自殺した場合に保険金支払をしなくてよいと定めているのは、保険金取得目的で自殺するのを防ぐ趣旨であり、保険契約発効後1年以上経過している場合、保険金取得目的である場合は少なく、そうではないと推定されるので、このような特約も法律の趣旨に反しないとしました。したがって、逆に、個々の事案で、保険者が、被保険者の自殺の目的が保険金取得目的であると立証した場合は、この1年間の免責限定特約の適用がないと解釈すべきだとしたのです。本件の場合、状況証拠的には、この社長Aが保険金取得を目的として自殺した可能性が強いことは明らかですから、保険金取得は認められないとしたのです。

ところが、最高裁はそれを支持せず、この免責特約はそのまま

受け入れるべきだとしたわけです。先に紹介した判示部分にあるように「当該自殺の動機、目的が保険金の取得にあることが認められるときであっても、免責の対象とはしない旨の約定と解するのが相当である」とはっきり明言したわけですから。

このような形式的・文理解釈的な契約解釈は、アメリカの法律家にとっては好ましいものです。原審のような解釈は、具体的な事件では妥当なケースもあるでしょうが、このように目的や動機を問題にすると、紛争が増加することは間違いありません。それは保険金取得に壁を設けるという意味で被保険者の遺族にとって不利であるばかりでなく、保険会社にとっても事案ごとの判断を強いられ、さらにいえば、1年以内でも明らかに保険金目的でないケースでなぜ支払わないのかと、新たな問題まで提起されかねません。「保険金取得目的で自殺するのを防ぐ」というのが自殺免責の趣旨であるなら、1年以内の自殺でも、たとえばその間にパワハラやいじめでうつ病になり自殺した場合なら、保険金を支払うべきだという議論もできることになるでしょう。

したがって、明確に1年という定めで保険金支払の有無を決めるルールは、保険会社にとっても実は利益なのです。そもそも紛争防止のために明確な契約条項を定めようとするアメリカの法律家にとっては、最高裁の立場こそ無条件に支持できるものだと考えられます。

これまでの教材で、アメリカとは異なる契約観が日本では存在する点を学んできたアメリカの法律家にとっては、アメリカとの共通点もあることを確認できた判決といえるかもしれません。

3　アメリカとの違い

本件については、それでもアメリカとの違いもあることが指摘

できます。

　まず、アメリカでは、保険法も州法によるので、州ごとに規制が異なります。裁判所の判断もそれぞれの州裁判所によるので、日本法のように、1つの法律と同じ約款で同様の取扱いがなされているところとは基本が異なります。

　しかし、一般的にいえば、保険契約の中で、自殺の場合の定めが明記されており、特に生命保険契約では必須の条項の1つです。アメリカの自殺者は年間4万5000人程度とされ、それは日本の2万1000人の倍以上です（もっとも人口も倍以上ですから、日本に比べて甚だしく多いとはいえません）。

　多くの保険契約では自殺の場合について2年（しかし、契約によっては1年、または3年もあるようです）の免責期間が定められています。したがって、保険がカバーし始めてから2年以内に被保険者が死亡した場合、それが事故によるか自殺によるかが争われる可能性があります。しかし、2年を超えれば、理由が何であれ、保険金が支払われます。繰り返しになりますが、それが契約だからです。曖昧な事態を避けて、明確なルールを決めるのがアメリカの契約だからです。

　現在、アメリカで問題とされているのは、オレゴン州その他で認められている医師が幇助する尊厳死を、（それが2年以内の場合）自殺として、保険金を支払わないでよいかどうかという新たな課題です。アメリカで、終末期において医師が致死薬を処方することを認める州は、9つの州と首都ワシントン（コロンビア特別区）にまで増加しています。一般論としていえば、これらの州で合法とされている場合には、州の保険法上も自殺としないことになると思いますが、保険契約がどこの州で締結されたかで準拠法がどこになるかという問題など、アメリカならではの複雑な問

題が伴います。

　日本では、現在は、ほとんどの保険契約で免責期間を３年にしているようです。３年以内の自殺には保険金は支払われません。保険に関するモラル・リスクが問題とされ、保険金取得を目的とするような事件が増えて、１年ではなく３年になったということでしょうが、３年の間に、うつ病その他で自殺した場合にも保険金が支払われないことになります。過労死という言葉が普通に使われるようなわが国において、働き手が死亡し残された遺族に保険金が支払われない事例が発生するわけで、しかもアメリカ以上に長い期間、保険金を支払わなくてよいとしている点では、アメリカよりも日本の保険が利用者にとって厳しい側面があるといえます。

　自殺の場合に保険金が支払われるか否かは、残された遺族の生活にとって重要な問題です。それは、アメリカでも日本でも、保険契約の定めによるわけです。この事件では、日本の最高裁も、単純かつ明確なルールを明らかにしました。その点では、アメリカ人が驚く点はないかもしれません。

　しかし、法律家の関心は、保険金が支払われるか否かだけではなく、保険契約の存在によって自殺が増加するようなことをどうやって防ぐかにも向けられるべきです。たとえば、保険契約の情報共有制度を作って、こんなに多数の保険会社との間で死亡保険を結ぶことを難しくするようなことも考えるべきです。もっともすでに保険業界ではそのようなことは行われているかもしれませんが。

第5話 川島説とその現代的意義

川島武宜教授は、民法学者であるばかりでなく、法社会学を日本で創始した人でもあります。その法律家としての歩みについて『ある法学者の軌跡』（有斐閣・1978）という本もあります。川島氏は、日本の契約法と国民の契約意識の間に、大きなギャップがあると指摘しました。それを読んでみましょう。

　実は、契約の章の最初は、判例ではなく2つの文献（の一部）を読むことになっています。1つは、川島武宜氏の『日本人の法意識』（岩波新書・1967年）の契約の部分を翻訳したのが、1974年のLaw in Japanという法律雑誌に掲載されたものです。もう1つは、1982年にアンソニー・ザルーム弁護士が、コロンビア大学ロー・スクールで行った講演、「日本の会社に法的助言を与える際の障壁について」の一部です。

　ここではまず、前者を見てみましょう。川島氏の「日本人の法意識」は今では古典といえる作品です。特に契約意識については、日本人の契約意識と近代法の原則の間の乖離を鋭く指摘しており有名です（しかし、後で述べるように、弊害も生み出しました）。

　まず、法的な意味での契約においては、すべての人が独立した存在であり、平等な存在であるという前提が必須であり、それぞれの権利義務を明確にすること、特に契約行動においてそれを実現することが資本主義社会の基本的な要素であると宣言します。

ところが、このような原則自体が日本法（民法）で明記された
にもかかわらず、人々の法意識はそれについていけない状況にあ
ると指摘します。

　①　近代法の原則では、当事者の合意によって契約が成立する。
逆にいえば、当事者の合意さえあれば契約が成立する。法律家は
これを諾成主義と呼ぶ。文書も不要、何らかの形も不要であり、
合意さえあればよい。それによって容易に契約を成立しやすくす
ることが、資本主義社会を発展させる。
　②　契約は、成立すれば契約あり、成立しなければ契約なしで
ある。言い換えれば、前者には法的効果が伴い、契約を守る義務
が発生するが、後者の場合には、まだ法的にいえばゼロの状態で
ある。法律効果が100 あるかゼロなのかが、契約があるかないか
かの大きな違いとなる。
　③　契約が成立すれば、それは守らねばならない。法がそれを
担保する。

　このように、近代法（日本の民法）は、これらの原則を強調し
て契約成立を促進し、その契約を守ると宣言し、それが資本主義
社会の基盤であるというのですが、川島氏は、日本の人々の法意
識はそこからまだずれていると批判します。

　①　単純な口約束だけでは、契約が結ばれたと考えない、また
は自分の約束に拘束されるようなことはない、という法意識が根
強い。川島氏は、自分の縁者の経験した実例を挙げて、手付けも
書面もない口約束に違反した人を批判した当事者が、逆に「非常
識」だと強く非難された例を掲げる。つまり、合意だけで契約と

は考えられていない。

②　しかし、口約束にも何ら効果がないわけではない。それにも意味はあるが、民法の定めるような法律効果をもって拘束する力があるとは考えられていない。当事者間の関係によって、その程度は異なり、その意味で100かゼロかという発想はない。むしろ文書や手付けを必要とする行為は、相手方への不信を意味する場合もある。何であれ、問題が起こったら、互いに話し合って解決することが大事である。その結果、日本のビジネスに関する契約でも、いわゆる「誠意協議条項」が含まれる。

③　契約でお互いの権利義務を明確にすることは難しい。契約書に表現された内容よりも、当事者の関係には曖昧な要素が残るものであり、互いが相手方の立場にも配慮しながら誠実に協議することによって解決を図る関係そのものが重要である。契約は常に守らねばならないという意識は薄く、そのような明確な処理を主張する人は「非常識」だとされる。

④　なお川島氏は、戊辰戦争のさなかに不動産を購入する契約を守ろうとした福沢諭吉の例を引いて、日本では、侍には「武士に二言はない」という言葉が示すように、いったん約束したことは何が何でも守るという精神があったと説明している。だが、その後侍はいなくなり、また一般庶民にはこのような意識はそもそもなく、明治以来1960年代に至るまで、日本人の法意識はきわめてあいまいな契約意識・契約観念だったと強調している。

●アメリカ人にとっての驚き●

いったい、この説明のどういうところがアメリカ人にはおもしろいのでしょうか。「えーっ」という驚きの部分はどこにあるのでしょうか。

1 川島説による弊害

　契約は確かに資本主義社会の基盤です。自由な契約によって、自由な経済活動が営まれることがまさにその基盤だからです。ところが、1970年代から80年代にかけて、日本が戦後復興から高度成長期に入り、国際舞台でも経済的な力を発揮し始めた頃、川島説は英語に翻訳されて、日本の特殊性を強調したため、少なからぬ弊害を生み出しました。

　何しろそこで描かれている日本人の契約意識は、たとえばアメリカの法律家が考える契約とはかけ離れているからです。明確さではなく曖昧さ、心情的な個人的信頼関係を契約文言より重要とみなす考え方、さらに問題に直面することを先送りする誠意協議条項などは、これでは何のために契約を結ぶのかがわからないとアメリカの法律家に思わせる要素です。中でも最悪なのは、契約を結んでもその拘束力が不確かでよいと（よりはっきりいえば、契約を守らなくてもよいと）多くの日本人が考えているというように読めたことです。そのような偏見を持たれて、アメリカ人相手の契約交渉で苦労したとの日本のビジネスマンの愚痴を私自身聞いたことがあります。

　これまで紹介した4つの判例は、川島説を裏付けるものではなく、むしろ日本の裁判所と日本法が、契約を守ることを重視している点を強調しています。おそらく、アメリカのロー・スクールでは、まず川島説を読んで、日本の契約がいかにアメリカと異なるかを学ぶと同時に、しかしながら実際の判例を読むと、確かに日本の契約法はアメリカとは異なる契約観に基づくものとはいえ、逆に契約を守ろうとさせる力が強い実態を示すということが学べるでしょう。

　何しろ、永遠の契約も守らねばならないものだと考えられてい

るわけですし、違約金条項で契約を守らせるよう圧力をかけるのも原則として認められています。愛人との関係も契約だとして、明確な約束もないのに、贈与契約の履行だとして愛人を保護してくれます。自殺に関する生命保険契約については、最高裁が、まさに契約解釈はこうであるべきだという姿勢を示してくれているのです。

したがって、アメリカの法律家にとって、日本の契約は、アメリカよりも広い範囲で成立するとされ、しかもその拘束力も強いものだという印象をもつはずです。あえていえば、福沢諭吉が示した侍精神は日本に今も生きているということです。

ただし、そうはいっても川島説がすべて誤りで、アメリカその他の法律家に重大な誤解だけを与えたというつもりはありません。アメリカでも、法律家が考える契約とビジネスマンの考える契約とがその意味を異にするのは同様です。法と社会学（law and sociology）と呼ばれる学派の人たちが、アメリカでもその点を強調してきました。法律専門家と非法律家の考え方にギャップがあるのは、おそらく日米だけでなくどこの国でも程度の差はあれ、存在することでしょう。しかし、見逃せない点は、日本の場合、法（と法律家の考え方）が近代的で、一般人の法意識が遅れたもの、古いものという「劣等感的意識」が存在することです。その点では、川島説には根本のところで疑問を呈することができます。

2 川島説の誤解

川島説に限らないのですが、わが国で「欧米の」、とか「西欧では」、という場合、特に民法の先生方は、実際には、フランスやドイツの法律を想定して語ることが多いようです。

先に紹介した、川島説の契約法の考え方を再掲してみましょう。

①　近代法の原則では、当事者の合意によって契約が成立する。逆にいえば、当事者の合意さえあれば契約が成立する。法律家はこれを諾成主義と呼ぶ。文書も不要、何らかの形も不要であり、合意さえあればよい。それによって容易に契約を成立しやすくすることが、資本主義社会を発展させる。

　②　契約は、成立すれば契約あり、成立しなければ契約なしである。言い換えれば、前者には法的効果が伴い、契約を守る義務が発生するが、後者の場合には、まだ法的にいえばゼロの状態である。100 かゼロかが、契約があるかないかの大きな違いとなる。

　③　契約が成立すれば、それは守らねばならない。法がそれを担保する。

　これらの点は、英米法の契約を少し学んだだけで、少なくとも英米の契約には当てはまらないことがわかります。イギリスやアメリカが近代法ではないというのならともかく、そうはいえないでしょうから、これらの言明は、少なくとも、英語で言うところの over-inclusive です（一部についてはあたっているかもしれないが、過大なことを主張しているということです）。

　第 1 に、前にも述べたように、英米の契約では、重要な契約は文書にしないと法的な効力が不十分です（不十分という意味は、自発的に履行すれば有効となるのですが、裁判所に訴えても助けてくれないということです）。現在でも、不動産に関する契約や保証契約、さらに日本円でいえば 5 万円（500 ドル）以上の物品の売買契約も、文書にしていなければ完全に有効となりません。たとえば電器屋さんに 10 万円のパソコンを電話で注文し、電器屋が別の人にそれを売却して、それが同モデルの最後の 1 台だったと

いう場合でも、アメリカの裁判所は救済してくれません。

口約束だけで、文書も手付けもないのに、契約の効力があると考えるのは非常識だと、アメリカの法律家も考えているということです。「言った、言わない」で争いになるようなルールを作るより、明確な権利義務関係を明らかにするのが契約であるなら、その方がよいに決まっています（道田信一郎『契約社会　アメリカと日本の違いを見る』（有斐閣・1987）は、このような点での驚きを日本人の側から示しています）。

第2に、合意によるだけで契約と認めること（諾成主義）が資本主義社会の発展の基盤だとするのも、やや論理が飛躍しているように見えます。たとえば、AがBに100万円あげようと約束したり、あるいはAとBが結婚を約束したりすることが、資本主義社会の発展につながるのかというと大いに疑問です。資本主義社会の基盤という大きな課題を持ち出すのであれば、合意の内容も、経済的活動に関係したものに限定してしかるべきです。

英米法の契約は、合意だけで成立しません。それに加えて「約因」（consideration）が必要だとされます。では約因とは何か。それは、約束に対する「将来的な対価」であり、対価を要件とする契約はまさに取引ですから、経済活動に関係した契約だけを契約法で保護しているのです。ここでも、仮にすべての合意を契約としてそれを資本主義社会の基盤だというのであれば、日本法の契約観念が、over-inclusive であることになります。

第3に、日本の契約法は、実は契約が成立すれば100の効果、成立していなければゼロではありません。契約交渉中にも、信義則により互いに一定の配慮を示さなければならないとされ、不当な交渉破棄は損害賠償責任につながります。契約の終了後も、一定の義務が残る場合があり、契約の余後効などと呼ばれます。最

も重要な点は、契約の中味自体が、契約解釈によって当事者も考えていないような効果が認められる場合すらある点です。一例だけ挙げると、がん告知が大きな問題とされたころ、最高裁は、医師が患者に告知しない場合、家族にがんを告げるか否かを検討する義務があると判示し、がんを告げられなかった遺族に慰謝料を認めました。そしてその根拠として、それは医師と患者の診療契約に付随する義務だと明言しました（最高裁平成14年（2002年）9月24日判決、判例時報1803号28頁）。

　アメリカ人もびっくりです。何しろ、契約当事者以外の人（ここでは患者の家族）に対しても、医師は契約上の義務を負うとされるのですから。この例のように、日本法では、契約が100の効果どころか、100以上の効果をもつ場合があり、決して100かゼロかということではありません。

　もっとも、この点は、川島氏の想定する近代法の原則が、日本人の法意識によって変えられた（歪められた？）とみるべきかもしれません。しかし、最後の例は別として、他のヨーロッパ諸国でも、契約の交渉段階の義務や終了後の余後効を一定の範囲で認めているとすると、近代法の原則としても維持できなくなります。

　第4に、「契約は守らなければならない」とする観念にも再検討が必要です。アメリカでは、契約を守るとは、約束通りの履行をするか、または損害賠償を払うか、そのどちらかの意味だとされます。何しろ、裁判所に契約違反で訴えても、原則的な救済は損害賠償の支払いを命じてくれることですから、リアリスティックに見ると、契約上負う債務とは、単純に「契約を守って履行すること」とはいえなくなります。かつて19世紀の昔に、アメリカを代表する法律家であるホームズは、契約違反は悪ではない、債務者は契約を履行するか、それとも履行しないで損害賠償を支

払うかの選択権を有すると明言しました。

　むしろ、アメリカなら契約では考えない場面にまで、契約観念を広げて適用し、その契約を守らなければならないと、実際のビジネスで考える日本人が多いとすれば、そして契約違反はやはり悪いことだと考える人が多いとすれば、日本人の法意識は、川島氏の想定する近代法の原則にきわめて近いことになります。しかし、強調しなければならないのは、アメリカも近代法の国であり、その国で、昔から、契約を守るという意味を、きわめてドライに考えてきたということです。そうだとすると、ここでも川島氏の説く「近代法の原則」なるものが一面的だったことがわかります。

　なお、実は日本でもこの点に関する事例があったことに注意する必要があるでしょう。2004年にある信託銀行の合併をめぐって訴訟にまで発展する事件がありました。簡単に言えば、その信託銀行との統合話がほぼ決まっていたのに、別の大銀行が統合を持ちかけてその信託銀行を統合したという話です。最初の統合相手は、後から出てきた銀行の統合交渉を差し止めるよう求めて東京地裁に仮処分を求めました。東京地裁はこれを認めたのですが、東京高裁で取り消され、最高裁も抗告を棄却しました。

　その後、1000億円の損害賠償請求がなされたのですが、高裁で和解勧告され、2006年に和解が成立したそうです（25億円ともいわれます）。

　つまり、21世紀の日本では、まさにホームズが述べたような、契約についてドライに考える実例があるのです（この事件については、樋口範雄『はじめてのアメリカ法』80頁（補訂版、有斐閣、2013）でも紹介しました。

3　川島説の美点

　以上のような指摘をすることはできますが、なお川島説は教材の最初に掲げられているのですから、アメリカ人にとっても読むに値すると評価されているのです。それは、契約そのものに対する考え方が、そこに表れているからでしょう。アメリカの法律家は、契約に積極的な意味を持たせます。それは、自分たちでルールを決めて、自分の人生をプランニングしていく道具なのです。まさに、日本の法学でも最初に学ぶ四字熟語の1つ、「私的自治」（private ordering）を実現するための道具です。

　ところが、日本の契約を見ると、肝心なところが抜けているように見えるでしょう。確かに、契約には、当事者が定めた互いの権利義務を明確に記す部分があります。しかし、アメリカでは、契約で定めるのはそれだけではありません。契約継続中にありうることを想定し、それらのリスクにどう対処するかをあらかじめ話し合って決めておく、言い換えれば、リスクのプランニングも契約の大きな機能です。

　しかし、日本の契約では、リスク・プランニングの発想がありません。その象徴が、誠実協議条項です。要するに、将来問題があれば、その都度、誠実に協議して解決しようということで、そんなことは決めておかなくてもいいことです。いや、何も決めていないに等しいことです。

　実際に、将来問題が起これば、その時点での両当事者の立場は決して対等ではありえません。残念ですが、天災にしろ人災にしろ、思わざることの影響は、みんなに平等に及ぶことはありません。運のよしあしで、必然的に両当事者は、強者と弱者になってしまいます。強者と弱者が「誠実に」協議すれば、やはり、通常は、強者に有利な解決法が出されるでしょう。

しかし、契約締結前なら、川島氏もいうように、両当事者は相互に独立の平等な存在なのです。少なくとも契約に入らない自由があれば、そのようにいうことができます。何といっても、いやなら契約を結ばなければいいのですから。したがって、その時点での、リスク・プランニングの方が、フェアな解決法を用意することができます。アメリカ人の法律家が考えるのはそういうことです。だからこそ、この契約ですべてのことを予測し決めておこう、それを私たちのルール（法）にしよう、紛争を予防するためにすべてを明確に表現しておこう、それこそが契約です。

　それに対し、川島氏が描いた日本の契約観念は、曖昧さを残すどころか、曖昧さがあることが当然であり、背後に信頼関係があれば十分とするような意識です。しかも、日本の法律家は、それに便乗して、あるいはそれだからこそかもしれませんが、契約に書かれていないこと（実際は合意もされていないこと）を、契約の解釈の名のもとに押し付ける傾向があります。私的自治は名ばかりになるわけです。もちろん、事案によっては、過大な違約金を押し付けられる弱いアーティスト志望者や、独身だと偽られる愛人など、救済の手を差し伸べたいと思うものもあるでしょう。しかし、それをなんでも契約の中で救済するというのが、アメリカでは基本的な契約観念と相いれません。そのような違いを示唆してくれる点で、川島説は現在にも通用するところがあります。

　この点は、ザルーム氏の講演と共通する要素があります。

　法と国民の意識の間にギャップがあるのは、日本だけの問題ではありません。しかし、明治期に富国強兵政策の下で欧米の近代法を急いで継受したわが国では、そのギャップが大きいと考えられ、そ

れを明確に指摘した点で、川島説は今でも読むに値します。ここで
の記述も、結局、後からだと何でもいえるという要素があります。

　他方で、日本法のあり方について、英語その他の外国語で発信す
る力が弱い点も気になります。川島説も英訳されたから大きな影響
力をもちました。それに対する反論を含めて、さまざまな見方が日
本にもあることを海外に伝えるのは、今後の重要な課題でもありま
す。

第6話　ザルーム氏の講演とその現代性

ザルーム弁護士は、日本の企業に法的助言を与えてきたベテラン実務家です。その人が経験してきた、日本の法実務の問題点に、耳を傾けてみましょう。

　先に述べたように、1982年、日本企業との契約交渉の経験豊富なアンソニー・ザルーム弁護士は、コロンビア大学ロー・スクールで「日本の会社に法的助言を与える際の障壁について」と題する講演を行いました。このような講演が行われたこと自体、当時の日本が、アメリカにおいていかに注目される存在だったかを示しています。

　まずは、教材に取り上げられたザルーム氏の苦言を聞いてみましょう。彼は、アメリカの法律家として、日本の会社にさまざまな法的助言を与えてきましたが、それがうまくいかない事態にたびたび陥ったといいます。それは次のような点によります。

①　コンセンサス重視の決定過程

　アメリカの会社がクライアントの場合、その誰かが法律事務所を訪ねて相談する場合、その場で決定が下されるか、そうでなくともその後迅速に、法的助言に基づく決定がなされます。そして、必要ならその決定に基づく措置が円滑になされるべく、さらに弁

護士は法的助言をします。

　しかし、日本の会社はそうではありません。まず、会社を代表する人が1人で法律事務所を訪れることはなく、複数でやってきて協議・相談になるのですが、その誰にも決定する権限がありません。したがって、せっかくの法的助言も宙に浮いたものになりがちです。実際の決定は、弁護士とは遠いところで行われるので、法的助言の意義を十分に説明したり、当事者にとっての契約の目的を実現するための細かなアドバイスもできないことになります。その結果、誤った決定がなされ、しかもその後それを改めるのも難しくなります。

　例として挙げられるのは、日本の会社がアメリカの企業と合弁（持株は1対1）で事業を計画する際に、彼（アメリカの弁護士）が助言を求められたという話です。日本側は会社を作ろうというのですが、税金の関係では、会社方式だと500万ドル以上の余計なコストがかかるので、パートナーシップ方式で行うのがよいと助言しました。

　ところが、日本側の反応は芳しくありませんでした。当初の構想通りならいいのですが、日本側にとってなじみのないパートナーシップの話を日本に持ち帰って新たな合意を得るのが日本の会社では面倒なのです。合弁の相手方であるアメリカ側は、意味のない余計なコストがかかる話に同意しないだろうと説得したのですが、簡単にいきませんでした。個人的な経験では2回もそういうことがあり、どちらも実際にアメリカ側が同意しないと宣言してから、ようやく日本の会社が再検討する事態になりました。アメリカの法律家からすれば、無駄な時間がかかったわけです。

② 組織内部でのコミュニケーションの不十分さ

　日本の会社における決定の遅さは、組織内部でのコミュニケーションが十分でないこととも関係します。

　ここでも実例が1つ。日本の会社の従業員の行動がアメリカの当局に問題とされ、訴追のおそれが生じました。アメリカの法律家が、緊急で来日し、日本の会社の首脳陣と4時間の会議を行い、善後策を立てることになりました。要点は、この職員の行動を会社のどのレベルで把握していたか、それを確認したうえで、どのようにアメリカの当局に申し開きするかという2点です。ところが、アメリカの法律家が驚いたことには、社長の嘆きの声と懐古談が貴重な4時間の協議のほとんどを占めて、2つの要点に話が及ぶことはありませんでした。しかも、事前に協議のポイントを理解していた若手の職員もその間一言も発せず、ただ謹聴するだけで、何が問題でどう対処すべきかについて、議論を本道に戻す努力はどこからも出ませんでした。

　もう1つの実例は、ライセンス契約に関わるもので、日本の会社の企画部門のトップは、当該技術を自社開発するよりもドイツの会社が開発した技術をライセンス契約で取得するのが合理的だと判断し、開発部門のトップと2時間の協議をしました。その協議で、ライセンス契約の基本的な条項まで詰めるつもりでした。

　ところが、実際には、企画部門のトップは開発部門の利益を代表する人の心情を重んじて、協議の大半はこれまでともに歩んできた苦労話に費やし、心情的な共感を確認することで終わり、ほんの少し、ドイツの会社とのライセンス契約の話をしただけでした。企画部門のトップは、これで開発部門の同意は得たと思い込み、ドイツの会社との契約交渉に臨み、後になって、実は大事な

grant back 条項（ライセンス契約で取得した技術を改良した場合、その実施許諾を相手方に与える条項）について開発部門とまったく相談していないことがわかるのです。

　これらはいずれも日本の会社の内部で、十分に自由闊達な議論が行われていない例として掲げられています。アメリカの法律家は、特に日本の会社にとって苦言となるような助言を提起する場合、それが直接の相手方の上司や首脳陣に伝わらない可能性があることを前提に、同じことを繰り返し助言する、またそれを文書にして残すなどの対応をするといいます。

③　責任回避行動

　これもまた実例を見る方がわかりやすいようです。日本の会社が、アメリカの会社に融資をしたのですが、それが明らかに過剰与信でした。アメリカの会社は破産手続を始めることにして、日本の会社に２つの選択肢を示しました。１つは、融資金残高の４分の１を返却することでの和解。もう１つは、不動産を含む全事業を日本の会社に譲渡することです。

　この２つの優劣は明らかで、第１の現金を取得する方が、たとえ融資の焦げ付きは明らかになったとしても、アメリカの会社のその時点での資産価値よりははるかに高いので、明らかに第１の選択肢をとるべきだったのです。しかし、そうはなりませんでした。アメリカ人の法律家が第１の選択肢をとるべきだと強く助言したのに対し、日本の会社（あるいは担当者）は譲らなかったのです。その説明なるものは、不動産もあるから、その価値が今後上昇して、今の現金よりも大きなものが得られる可能性があるというものでした。アメリカの法律家は、アメリカの不動産市場についてそのような見込みをもつのであれば、取得した現金で

不動産を買った方が早いと、誰でもわかることを主張したのですが、受け入れられませんでした。日本側の主張の真の動機は、現金取得では損失が明白になり、その責任が誰にあるかが明らかになるからでした。日本の会社では、このように「人の責任問題」になることを嫌う傾向が強いというわけです。

④　単純な解決法で、かつ先例に従った解決方法を好む傾向
　最後に、日本の会社に対しアメリカの法律家が助言を与えるうえで大きな壁となるのは、単純で非革新的な解決方法を好む傾向です。逆にいえば、アメリカの法律家が、複雑で、今までないような解決手段を提言すると、嫌われるということです。もっとも、新たな手法の採用は、日本に限らず、どこでも慎重になる傾向はあります。しかし、日本の場合、それが極端で、先に述べた責任回避の傾向その他と相まって、先例に倣う傾向が強いそうです。その中で、アメリカの法律家など外部からの助言を入れる余地が狭まります。

●アメリカ人にとっての驚き●
　いったい、この講演のどういうところがアメリカ人にはおもしろいのでしょうか。「えーっ」という驚きの部分はどこにあるのでしょうか。ザルーム弁護士の講演は、それ自体がアメリカの法律家の驚きを伝えるものですから、今回は、これらに付け加えることがないように見えます。ただ、それが1982年の講演だったので、21世紀の現在でもこれらの指摘があたっているかは検討する価値があるでしょう。

1　コンセンサス主義

　私は、国際的なビジネス実務に詳しいわけではないので、実は、ザルーム弁護士の講演が今でもすべてあたっているものかは判断できません。しかし、会社でなくとも、いくつかの組織の決定過程を見た経験からいえば、これらの苦言・助言は、現在でも相当程度有効なのではないかと考えます。

　契約交渉において、相手方の誰に決定権限があるのかは重要な問題です。しかし、そもそも交渉に臨んでいる人には決定権限がなく、ずっと後方に偉い人がいて、その人を納得させることを相手方が考えているというのは、アメリカの法律家には理解が難しいでしょう。もしも最も偉い人（あるいは決定権のある人）が出てこられないなら、明確な指示と一定の代理権を交渉担当者に与えて交渉させるのが当然だからです。ザルーム弁護士自身、1980年代において日本企業の強さの原動力の１つはコンセンサス主義だといわれていると認めながら、事実はそうでないと論じているのです。

　しかし、日本側の事情としては、交渉担当者はまさに交渉の窓口であり、彼（または彼女）が交渉において独断で決めるのではなく、常に背後にある関係者の同意を得ながら一歩一歩進めるのが、コンセンサス主義（合意主義）であり望ましいことです。この場合のコンセンサスは、あくまでも日本側の内部でのコンセンサスを重視しているのであり、本来、契約交渉とは、相手方との交渉と合意であるはずなのに、日本側の担当者は、むしろ自分の後ろから鉄砲で撃たれることもあるのを常に気にしている風でもあります。

　おそらく何十年も解決できない外交交渉のような場合はそれでもよいかもしれません。しかし、国際であれ国内であれ、時間を

争うビジネスの場面で、このような二正面作戦（つまり相手方との交渉と同時に日本の会社内部での調整も考えること）は不適切なことのように思われます。日本式の交渉方法のせいで、アメリカから見れば余計な時間がかかることだけは確かだからです。

　コンセンサス主義というと立派なようですが、結局のところ、日本の組織では、代理法や代理人をうまく使いこなしていないと考えられます。この場合の代理人とは、その会社の従業員も含み、その人が有能であると判断したら、一定の権限を委ねてその判断に任せるということです。譲れない事項については指示もできます。もちろん単独ではなく、共同代理人という形で、複数の人に委ねることもありますが、組織の関係者全員の合意を得てという話にはなりません。第一、決定権限もない人をビジネス交渉に向かわせるのは、相手方に失礼ではないでしょうか。結局のところ、相手方よりも、むしろ内向きの思考が重要だという点を正当化するのが、ここでのコンセンサス主義だといってよいように思われます。

2　責任回避行動

　コンセンサス主義は、責任の所在を曖昧にすることでもあります。本来は、会社のトップが契約に最終的にイエスといったのであれば、その人の責任は免れないはずですが、交渉の各段階で、さまざまな関係者が同意していたのであれば、その人たちも責任があることになり、結局、誰も自分の責任ではないと考えることにつながります。みんなの責任は誰の責任でもないからです。

　同時に、契約交渉での決定において、ザルーム弁護士のいうように、新しい（innovative というのが原語です）手法や内容には消極的になるでしょう。それを強く進言した当事者に責任があるよ

うな形になりやすいからです。

　しかし、すでに高度成長時代を終わった21世紀の日本では、むしろ史上類を見ない人口減少と高齢化にさらされて、先例通りでは会社も社会もうまくいかないことが明白になっています。イノベーション（革新・新規開発）という言葉が、すでにそのままで日本語になっています。

　その言葉が、技術だけではなく、人や会社の行動にも適用されて、新たな試みを支援するような方向性がないといけないという意識は共有されているように思われます。さらに会社についていえば、コーポレート・ガバナンスという言葉も、日本社会に定着しており、より合理的なガバナンス（組織のあり方）が求められている点に着目すると、もしかしたら現在であれば、ザルーム弁護士自身も、これらの苦言を見直してくれるかもしれません。

　もっとも東日本大震災の後で原子力発電所が被災して大きな被害を出した後、あれだけの津波が来る可能性があるとしたレポートが無視されて、しかもその責任が明確でない事例をつい最近見たばかりです。ザルーム弁護士はこの話を聞いて、相変わらずの日本流だと考えるかもしれません。

3　外部専門家・法律家の活用

　ザルーム弁護士の講演は、「日本の会社に法的助言を与える際の障壁について」とあるように、同弁護士が、日本の会社に法的助言を与える際に、大きな壁を経験したことを表しています。

　この点は、現在では外部取締役の活用など、昔とは違うという面もありますが、一般的には、外部専門家の活用という点もまだまだということでしょう。とりわけ、法律専門家の役割が、アメリカではずっと前から紛争予防であるのに対し、あるいは単に紛

争を予防するだけでなく、会社が長期的な利益を得るためにはどのような点に配慮すべきかのプランニングであるのに対し、日本では、まだまだ弁護士を頼むのは何らかの紛争が手に負えなくなってからということがあります。不祥事が起これば、弁護士を含む第三者委員会を立ち上げる、それで何とかなるという風潮もその表れの1つです。

　先に述べたように、会社内での人材の活用という意味で、明確な代理権をもたせて交渉にあたらせる代理法が十分利用されていないとすれば、同様に、あるいはそれ以上に、外部の法律家、たとえばアメリカの法律家の活用が十分でないのは、昔とそれほど変わっていない可能性もあります。

　しかし、新しい法科大学院制度が失敗に終わっているとはいえ、法律家の数は昔に比べて増えました。そしてその中で、インハウス・ローヤーという企業内法律家の数も明確に増加しています。それらの人たちがどのような役割を果たすか、果たせるかが、今後の注目点の1つだといえます。

　　日本の会社をはじめとする組織の意思決定過程について、ザルーム弁護士は、率直で有益な助言をしてくれていると思われます。
　　2020年の時点で、日本だけではないのですが、新型コロナウイルスで大きな騒ぎになっています。その中で、このような緊急事態でも、外国では、法の出番になると、たとえば外出禁止には違反に対し罰則があって、やらざるをえない場合にはやらねばならぬということが明確にされています。しかし、日本では、要請と努力義務で大丈夫だという前提です。性善説で社会がうまくいくのなら、実は法律は不要です。そして、日本では、それがうまくいかなかった場合にも、誰の責任にもならないのです。

不法行為の章

第1話　人間国宝がフグ毒にあたった事件

> お客が進んでふぐの肝を食べて中毒死した場合、提供した人に責任はあるでしょうか。もちろんあるとなりそうです。提供したのはプロの調理師なのですから。実際、これから紹介する日本の裁判ではそうなりました。しかし、この裁判は、アメリカ人からみると日本法のおもしろさを多数「内蔵」しています。

　不法行為の章で最初に掲げられているのは人間国宝に選ばれた歌舞伎俳優がフグ毒で死亡した事件です。

　事件が起きたのは 1975 年の 1 月。京都南座での公演に来ていた八代目坂東三津五郎（本名、守田俊郎、68 歳）が、フグ料理の有名割烹に 6 人で来店し、肝等の内臓物を食べたところ、彼だけがフグ毒にあたって翌朝早く死亡しました。そこで、フグ料理を調理した調理師と割烹の経営者が訴えられたという事件です。

　事件の原告は 2 つに分かれ、それぞれその損害賠償請求権を譲渡された X_1 と X_2 です。歌舞伎俳優本人は死亡しており、相続人の奥さんが本来なら原告になるはずですが、歌舞伎俳優には莫大な借金があり、訴訟を起こす前に、損害賠償請求権を債権者に譲渡したのです。損害賠償請求権の譲渡を受けた X_1 は約 2000 万円、X_2 は約 3150 万円（弁護士費用 150 万円を含む）を請求し、京都地裁は、この 2 つの事件を併合して審理しました。その結果、損害賠償額を全部で約 3297 万円と認定し、X_2 にはほぼ満額

の 3100 万円（弁護士費用 100 万円を含む）、X₁ には、最初に X₂ に譲渡された 3000 万円を除く残りの損害賠償請求権が譲渡されているので 297 万円を認める判決を出したのです（京都地裁昭和 53 年（1978 年）12 月 19 日判決、判例時報 928 号 87 頁）。

　この事件は、何しろ亡くなったのが有名な歌舞伎俳優でしたから当時は大きく取り上げられました。事件は刑事事件（業務上過失致死事件）にもなり、調理師に一審で禁固 8 月、執行猶予 2 年、控訴された大阪高裁では、量刑が重すぎるとして、禁固 4 月、執行猶予 2 年に減刑されたものの、有罪となっています（その後、最高裁に上告されましたが、上告棄却となり確定しました。最高裁昭和 55 年（1980 年）4 月 18 日決定、刑集 34 巻 3 号 149 頁）。

●アメリカ人にとっての驚き●
　いったい、この事件のどういうところがアメリカ人にはおもしろいのでしょうか。「えーっ」という驚きの部分はどこにあるのでしょうか。

1　事案の特殊性──日本文化とのかかわり

　まず、事案の内容が、いかにも日本的です。被害者は有名な歌舞伎俳優であり、しかもすでに人間国宝（英語では living national treasure）にも選定されています。死に方も、銃撃されたわけではなく、フグを食べて死亡しているのです。これらは、いずれもアメリカでは起きそうにないことです。「カブキ」という古典芸能、それを継承し人間国宝として称える制度、さらにフグを食べる食文化など、アメリカ人から見ればエキゾチックな要素がたくさんあります。

　しかし、もちろんそれだけの理由で、不法行為の章の 1 番目

に取り上げられているのではありません。不法行為は、英語では torts といいますが、アメリカの torts と日本の不法行為の違いがこの事件でも表れているからではないかと思われます。

2　不法行為による損害賠償請求権の譲渡

　本件では、被害者には子どもがなく、配偶者だけが相続人となっています。ところが、被害者である歌舞伎俳優は美食家で鳴らし、他にも贅を尽くした生活をしていたらしく、借金が数億円もあったと判決文に書かれています。そこで、相続人である配偶者は、夫の死亡による損害を総額1億4000万円余りと見積もったうえで、このうち3000万円の損害賠償請求権を X₂ に、その余の賠償請求権を X₁ に譲渡したのです。このような損害賠償請求権は譲渡できるものなのでしょうか。京都地裁の判決では「不法行為による損害賠償請求権の譲渡性については多少疑問があるが金銭債権であって譲渡性を否定する理由はない」と明示して、それを認めました。

　アメリカの法律家から見ると、被害者が不法行為で死亡した場合、何の問題もなく配偶者が損害賠償権を相続し、しかも本件のようにその権利を譲渡して、別の人が訴えているということに、まず驚くでしょう。

　イギリスを源流とする英米法（コモン・ロー）では、かつては被害者が死亡すればそれで事件は終わりとされていました。その1つの説明は、被害者を死亡させるような事件は通常、重罪事件であり、昔の刑事法では、加害者は死刑、さらに財産没収とされましたから、実際に、損害賠償を求めて加害者を訴えることに意味はなかった、というものです。しかし、もちろん、そのような過酷な刑事法が緩和されれば、伝統的な法理（当事者死亡で一

不法行為の章

件落着）に疑問が提起されるのは当然です。そこで、イギリスでは19世紀半ば、議会が法律を制定して、被害者が死亡しても損害賠償請求をすることを可能にしました。アメリカでも、それぞれの州議会が法律を制定して、同様の措置をとったのですが、各州の議会の定める法律の内容はさまざまですから、簡単にアメリカ法ではこうだといえなくなりました。

　それでも本件との関連では、2つの点を指摘することができます。

　第1に、アメリカの大多数の州では、2種類の法律が作られました。1つはsurvival statute（訴権存続法）と呼ばれ、他方はwrongful death statute（不法死亡法・生残近親者訴権付与法）というものです。前者は、文字通り、コモン・ロー（伝統的な判例法）のルールによって当事者の死亡に伴い消滅するはずの不法行為訴権のsurvival（存続）を定めるものであり、被害者の訴権が死亡後も生き残るわけです。誰が訴えるかといえば、死亡者の遺産が訴える形を取ります（実際には、遺言執行者または遺産管理人が訴えます）。後者は、被害者の死亡によって影響を受ける遺族が失われた扶養料等を求める訴権を新たに付与するというものです。両者は、損害の内容が異なり重複しないとされており、どちらの訴訟も提起できることになります（詳しくは、樋口『アメリカ不法行為法』（第2版、弘文堂、2014）を参照してください）。

　前者は、死亡者の遺産が請求するのですから、日本法でいう人身死亡損害の相続構成にあたると思われるかもしれません。そうではありません。訴権存続法の趣旨は、不法行為の時点から死亡までの損害について訴権を存続させる趣旨であり、この法律で認めてくれる損害賠償の範囲はきわめて狭く限定されています。たとえば、不法行為によって生じた医療費があれば、その医療費。

不法行為によって被害者が意識したはずの肉体的精神的苦痛。不法行為の時点から死亡までの間に失われた収入。懲罰的損害賠償が認められる場合には、懲罰的損害賠償。そして葬儀費用（ただし、不法死亡法による訴訟で対象とされていない場合）。したがって、本件のように、被害者の歌舞伎俳優がまだ仕事を続けていたら得られたはずの収入（逸失利益）などは含まれていません。むしろ主要な損害は、残された遺族が被害者によって扶養されていた場合、それがなくなるというものであり、それは wrongful death statute（不法死亡法）によって、遺族が自分自身に対する損害が生じたとして訴えることになります。

　しかし、重要なことは、第2点として、不法死亡法によって訴えることのできる遺族も、法律によって限定されているということです。その基本は、配偶者および子どもに限定されており、少なくとも、本件のように被害者の奥さんから損害賠償請求権の譲渡を受けた者が入っていないことは確実です。

　要するに、アメリカでは、被害者が死亡した場合、それでも一定の損害賠償請求権を認めるのは、あくまでも州ごとに異なる法律の定めによるのであり、それに厳密に当てはまらない当事者や損害については、訴えることができないのです。

3　危険の引き受けという法理

　アメリカのロー・スクールでこの判決が取り上げられた場合、まず問題になるのは、そもそも本件の訴えが認められるか否かでしょう。というのは、判決でも、同席していた知り合いが被害者に対し「肝はこわいものどすやろ」と言ったところ、被害者は「そんなん大丈夫ですよ」と言ってフグを食べることをすすめていたこと、さらに被害者は食通といわれており、それがフグの肝

であることを十分承知し、しかもある程度肝についての知識を持って食べていることがうかがえる、と認定されているからです。

その結果、判決では、被害者にも過失ありとして、その割合を3割とし、損害額の7割の賠償に減額しました。しかし、アメリカでは、これは危険の引き受け（assumption of risk）にあたるとして、むしろ損害賠償を完全に否定する抗弁が成立するという議論が強くなされそうです。この裁判でも、実際に、被告側は、被害者が「肝を特に強く希望した」と述べています。しかし、裁判所は、この店では「常連客には注文がなくとも肝を提供していたこと」、当夜の招待者は別にいて、その店の常連客であったこと、「被害者は招待客の1人であったこと」から、被害者の「特別の希望によって提供されたものとはいえ」ないと述べて、被害者が「特に強く希望した」という主張を退けました。それでも先に述べたように、被害者自身が「それがフグの肝であることを十分承知し、しかもある程度肝についての知識を持って食べていること」は認定せざるをえなかったわけです。

たとえば、アメリカでは、危険な橋があった場合、Cross bridge at your own risk（直訳すれば、自分で危険を引き受けて渡れ。日本語として訳せば、この橋危険、渡るべからず）という標識が出されます。要するに、渡るとしたら、それは自分で引き受けたリスクだと覚悟して渡れ、という言い方をするのです。まさに自由に行動してよいが、それは自分の責任、自己責任を伴うというわけです。同様の例を挙げれば、野球場でファウル・ボールに当たった観客に、アメリカで損害賠償がなされるかといえば、原則としては、それは当たった方が悪い、野球を見ていてボールが飛んでくるのは当然、と考えられています。

本件でも、アメリカで訴訟がなされれば、被告は必ず「危険の

引き受け」という抗弁を出すでしょうし、それが認められる可能性も相当にあると考えられます。

　そもそも、日本のように「過失相殺大好き」というのは、アメリカ的ではありません。アメリカの訴訟は、基本的に勝つか負けるかを争うものであり、伝統的には過失相殺ではなく、被害者に少しでも過失があれば、損害賠償ゼロ（この法理は、寄与過失法理と呼ばれてきました）とされてきたのです。

　それでも、最近は、過失相殺的な考えがアメリカでも強くなってきて、相当数の州で、「比較過失」と呼ばれる法理が行われるようになりました。それに伴い「危険の引き受け」という抗弁にも内容に２種類があって、１つは伝統的にそれが認められると損害賠償全否定となるが、そうではなく引き受けの程度が小さな場合には、過失相殺的な効果をもたせるという新たな対応も認められるようになってきました。したがって、アメリカでも、本件のようなケースで、被害者に対する救済を否定するのではなく、日本の裁判所のように過失相殺で済ませる可能性はないとはいえません。しかし、私の感触では、たとえば本件が陪審審理になれば、損害賠償を否定する可能性の方が大きいと考えます。

　そもそもアメリカの不法行為法は、被害者救済が主たる目的ではなく、「不法」な行為を抑止するための道具です。本件でいえば、被害者がフグの肝を食べなければ、事故は発生しないのですから、被害者泣き寝入りの方が、簡単に事故を抑制できます。そもそも割烹にはリスクのあるものを提供するインセンティブはありません。提供したもので事故が起きたら営業停止になるのが目に見えているからです。常連客には出していたというのなら、それは肝を希望する常連客がいたからでしょう。そうだとすれば、このような事案で被害者を救済しないことにした方が、それらの

常連客にも大きな警鐘となったはずです。

　本件は、日本の不法行為法が、「損害の公平な塡補」を目的とするものであり、アメリカの不法行為法（law of torts）とは異なるものだという点を示すものです。裁判で判決まで求めるのであれば、当事者自身は、自分が正しいと思っているわけです。しかし、「公平」に損害を分担させることで、日本の裁判所は、どちらにも悪いところがある、と諭すわけです。過失相殺を多用することで「喧嘩両成敗」で紛争解決するというのが、日本の裁判の大きな特色だと教えるものです。当事者はどちらも満足しないでしょう。裁判がそういうものであるなら、裁判官に諭されるまでもなく、その前に和解で解決することが合理的です。

　特に不法行為では、事案によっては懲罰賠償まで認めて、明確に、不法な行為を悪いと認定し、その抑止につなげようとするアメリカの裁判所とは違うのだということを示してくれます。日本の場合、本件で料亭の関係者が刑事罰を受けていることが示すように、不法な行為の抑止は刑事法が担当します。しかし、警察は民事事件に介入せずというように、何でも刑事司法が介入するかというとそうではありません。さらに、何でも介入するようになったら、警察国家になってそれはそれで恐ろしいことにもなりかねません。本件は、民事司法と刑事司法との適切な役割分担は何か、という問題を提起してくれる判決でもあります。

4　損害賠償は3297万7006円──6円の意味

　本件冒頭の説明で、被害者に認められた損害賠償額が3297万円と記しました。正確には、3297万7006円です。1円単位まで計算して損害賠償を認めるわけです。日本の「精密司法」とは刑事司法についていわれる言葉のようですが、実は、民事裁判でも

そのような特色があるわけであり、その面目躍如というべきです。アメリカ人はびっくりでしょう。なぜなら、アメリカでは、本件のような不法行為事件は陪審審理で審理され、賠償を認める場合（つまり原告勝訴の場合）、損害賠償額を認定するのは陪審であり、陪審は丸めた数字で賠償額を定めるからです。

　もちろん、アメリカでも損害を立証する責任は原告側にありますから、原告はこれだけの損害があったと証拠を提示します。それらの証拠に則って、陪審も賠償額を認定しなければなりません。しかし、その中に、肉体的・精神的苦痛（pain and suffering）のように、簡単に金銭評価できないものが含まれる場合、そのような要素を含んだ総額を認定するのですから、結果も丸めた数字、たとえば本件なら3300万円というようなことになりやすいのです。

　また、そもそも陪審は12人もいるので（現在では民事陪審は6人の場合もあります）、それぞれ何が適切な損害賠償額であるかを厳密に計算して、それぞれの違いを言い出したら、いつまでたっても陪審の評決が出てきません。どちらを勝訴とするか、勝訴とする場合、どのくらいの金額を賠償額として認めるべきか、というおおざっぱな感覚こそ重要です。被害者（原告）にとっても1円単位、あるいは1000円単位で多少の差異があっても、それは大きな問題ではないはずです。

　そして、そのようにおおざっぱな要素が含まれることは日本でも同じではないかと、アメリカの法律家は考えるでしょう。実際、本件の損害額の認定の仕方はまさにそれを示しています。

　たとえば、本件でも慰謝料については1000万円という割り切った数字で賠償請求がなされており、それをそのまま裁判所も認めているからです（もっとも3割、過失相殺で減額されましたが）。

過失相殺についていえば、本件では原告・被告の過失割合が7対3であるとされていますが、なぜ8対2でないのか、6対4でないのかは、誰にもわかりません。そこは裁判官のおおざっぱな感覚に委ねられているのです。しかし、日本では細かな計算ができる部分は、それをしないと気が済まないようです。そして、それを、おおざっぱな数字と足して、結果的に、1円単位で損害額の認定がなされれば、それこそが立派な司法判断だというわけです。

　本件で認められた被害者の損害賠償額は3つの部分から成ります。

　第1に被害者の逸失利益（2572万7006円）、第2に被害者への慰謝料（1000万円だが、3割過失相殺して700万円）、第3に葬儀費用（25万円）。この合計が3297万7006円です。なお、判決はこれに加えて X_2 の弁護士費用（請求額150万円）のうち、100万円だけを認めるとしました。

　まず、一番大きな金額になっている逸失利益についての判断です。原告側は、被害者の逸失利益（失われた収入）を1億3490万4837円だと主張しました。被害者である68歳の歌舞伎俳優は、年間2829万9735円の収入があり、生活費を40％として、残額が純粋な収入として残るはずであり、かつまだ10年は働けるとして計算したのです（それが将来にわたるために、この計算額をホフマン方式で現在価値に直すと先ほどの金額になるのです）。

　これに対し、裁判所は、被害者がすでに数億円の借金を抱えている事情や、交際費等として多額の支出をしてきたことを踏まえて生活費を70％と認定し、しかもこれから10年ではなく5年を就労年数として計算し、さらに3割の過失相殺をしたうえで、ライプニッツ方式で現在価値に直した結果、逸失利益は大幅に少

ない 2572 万 7006 円であるとしました。他方で慰謝料および葬儀費用は、原告の主張通りの金額を認めました。

　ここでホフマン方式とライプニッツ方式とは、将来にわたる逸失利益を現在において賠償させるため中間利息を省く形で現在価値を計算する方式をいいますが、前者は単利、後者は複利で計算するため、後者の方が、大幅に現在価値が下がります。最高裁はどちらで計算することも可能としていましたが、現在の実務では、ライプニッツ方式に統一されたといいます（喜多村勝徳『損害賠償の法務』159 頁（勁草書房・2018、なお現行の逸失利益の計算方法を批判するものとして、二木雄策「逸失利益の算定方式——その批判的検討」損害保険研究 77 巻 4 号 117 頁（2015）があります）。

　このようにして、原告主張の逸失利益の損害額は大幅に減額され、計算上は 1 円単位で結果が出され、他方で、慰謝料および葬儀費用は原告の主張をすんなり容れて、合計額が出されました。裁判での損害額の計算とはそういうものかと私のような素人は思わざるをえませんが、緻密なようでいてそうともいえないような、微妙な感じを抱きます。

5　一部請求の理由

　最後に、本件では、前に述べたように、被害者の死亡による損害を総額 1 億 4000 万円余りと見積もったうえで、このうち 3000 万円の損害賠償請求権を X2 に、その余の賠償請求権を X1 に譲渡しました。X1 には、1 億円以上の請求権が譲渡されたわけです（もちろん、それはこの請求権が認められたらという条件付きのものではありますが）。ところが、本件の訴えで X1 は 2000 万円だけを請求しました。一部請求をしたのであり、残りの 8000 万円以上を放棄したわけではありません。

この点も、アメリカ人の法律家には理解できないことですが、日本の法律家ならすぐわかります。最高裁の手数料早見表（http://www.courts.go.jp/vcms_lf/315004.pdf）によれば、1億円以上の訴えを提起するには少なくとも32万円の印紙代が必要なのに対し、2000万円なら8万円で済むのです。要するに、印紙税の節約です（10億円の賠償を求めた場合、印紙代は302万円、50億円なら1102万円になるそうです。それ以外に、原告は、弁護士への着手金を用意する必要があります）。

　同時に、本件の場合、1億4000万円あまりの損害だと主張しているのは配偶者であり、そこから3000万円を引いた残額を譲渡された当事者は、実際には裁判所が損害賠償額をいくらと認定してくれるかはわかりません。それなら、とりあえず2000万円請求してみようというわけです。本件では、損害額は3297万7006円と算定されたので、実際には、X1には2000万円をはるかに下回る損害賠償しか認められませんでした。

　ともかく、このような一部請求もアメリカ人の法律家には驚きのはずです。何度も裁判所を利用させる必要があるでしょうか。しかも、それに訴訟提起のための印紙代がからんでいるとなると、それは訴訟提起の障壁を作っているのではないかと疑われるでしょう。何しろ訴額に応じて印紙代は増加するのですから、特に、大規模な不法行為（薬害や製造物責任訴訟など）で被害者も多数になり、数十億円を超えるような損害賠償請求訴訟では、まず訴え提起に莫大な印紙代が必要となり、それが日本での裁判への障壁となると考えられるでしょう。そもそもアメリカにはそんな要件はないのですから。それどころか、訴額は明示しなくとも訴状として有効とされます。損害額もいずれ裁判の場で立証するからというわけです。

日本で裁判が少ない理由は、こういうところにもあると考えさせるようなところが、本件にはあります。

　自分のことはまず自分で守るべきだ、あるいは、God helps those who help themselves.（天は自ら助くる者を助く）という精神は、アメリカの法のあり方にも大きな影響を与えています。それは、原則として、「人は自由に行動できる、その代わり自己責任も負う」ということも意味します。

　それに対し、日本では、この判決も示すように、被害者救済が法の基本にあって、アメリカならもしかしたら救済されないようなケースでも、裁判上の救済が与えられます。そうだとすると、日本の方が「訴訟社会」になってもよさそうなものですが、実際には、アメリカのような「訴訟社会」になっていません。それはなぜかという問題は、アメリカの日本法の授業でも大きな課題になっているはずです。

第2話　ヘア・カット事件
──髪を切りすぎると不法行為

　美容室で髪を短く切られすぎたらどうしますか？　髪はまた生え
てくるといって我慢しますか、それとも訴えますか。今度の事件で
は、女性は訴えて、形の上では勝訴しました。この事件も、日本法
のあり方を教えてくれます。

　この章の2番目に掲げられているのは、ヘア・カット事件と
名付けられた事案です。マーク・ウェスト教授が自ら翻訳して教
材にしているのですが、この事案は日本で有名でも何でもないの
で、なぜこれが教材に？　という疑問がすぐに生じます。

　本件は、2005年東京地裁判決（東京地裁平成17年11月16日判
決、レクシス判例速報5号58頁）であり、新宿のキャバクラ嬢
（27歳）が渋谷の美容室で髪を切ったところ、長髪を売り物にし
ていて長い髪を切りすぎないようにと伝えたにもかかわらず、シ
ョート・カットにされ、その結果、売上げが落ちるなどの損害を
被ったとして、ほぼ630万円を請求したというものです。裁判
所は結論として、24万6400円の損害賠償を認めました。

●アメリカ人にとっての驚き●

　いったい、この事件のどういうところがアメリカ人にはおもし
ろいのでしょうか。「えーっ」という驚きの部分はどこにあるの

でしょうか。

1　ウェスト教授の関心

　ウェスト教授は、現在、ミシガン大学ロー・スクールの学部長もしており、日本法を熱心に教えてきた少数のアメリカ人法学者の1人です。その著書の1つに、Law in Everyday Japan: Sex, Sumo, Suicide, and Statutes（University of Chicago Press, 2005）というものがあり、これはそのタイトルが示すように、日本人のさまざまな日常生活と法の関わりを取り上げた書物です。その中では、たとえば、新宿とニュー・ヨークで、携帯電話と現金をわざと落としておき、どのような割合でそれが戻ってくるかという実験をした結果が紹介されています。その結果は、どちらも日本の方が戻ってくる割合が高く、特に現金では大きな差異を示しました。しかし、彼は、それによって明らかになったことを単純に日本人の倫理観の強さというような結論に結びつけるのではなく、正直に拾ったものを届けるためのシステムとインセンティブが準備されているという分析をしています。このように、彼は、一言でいえばおもしろいことを考える学者です。この本では、ラブ・ホテルに対する規制の変遷なども取り上げられており、風俗営業のあり方という、どの国にもある日常生活（あるいはそれに隣接した生活の部分）に着目した検討がなされています（この本の書評が、北構太郎、法社会学67号163頁（2007）に掲載されています）。したがって、ウェスト教授が本件に注目したのは、風俗営業の関係で目にとまった判決だったからかもしれません。

　なぜこの判決が取り上げられたのかはともかく、この判決が、アメリカ人にとって興味深いのは次のような点だと推測されます。

　第1に、キャバクラ嬢という、どちらかといえば市民生活の

影に存在するような人でも（このようなとらえ方自体、私の偏見かもしれませんが）、裁判という公的手段で権利主張をしていること。これは、伝統的にアメリカその他の国で日本人について信じられてきた、一般的に裁判に訴えない傾向があるという考えを端的に裏切ることです。もちろんこの判決だけで、何らかの結論を出すのは危険ですが、この判決をアメリカのロー・スクールの学生たちが読めば、日本人の裁判嫌いはまさに今では「神話」にすぎないと感じられるでしょう。

「裁判嫌いの神話（上・下）」（ジョン・O. ヘイリー、加藤新太郎訳、判例時報902号14頁、907号13頁、1978-79）とは、日本人は裁判嫌いであり、それが日本の文化だとか日本人の国民性だと説明されてきたが、そうではなく、日本法のシステムに裁判へのアクセスを阻む仕組みがあり、日本人が裁判嫌いだとするのは神話だと主張した論文です。確かに、アメリカが訴訟社会だといわれてきたのに比べて、日本での訴訟件数ははるかに少ないのですが、それでも「日本でも訴える人は訴えるのだ、しかも一部であれこんな請求も裁判で認められている」という驚きをもって、アメリカの法律家には受け取られているのかもしれません。

第2に、アメリカの学生は疑問に思わないかもしれませんが、本件を不法行為の章で扱っていることにも注目すべきです。日本では、この裁判の請求原因が、実は契約違反と不法行為の二本立てであることを知れば、そしてそれにあまり意味がないことを知れば、日本法での契約および不法行為の関係が、アメリカとは相当に異なることに気づいておもしろいと思うかもしれません。しかも、そのことは、日本では「こんな請求も一部であれ認められるのだ」という驚きとつながっていると思われます（後で述べますが、本件と同じ事件がアメリカで起きた場合、Xの訴えはアメリカ

では否定されると思われるからです)。

　ともかくその意味を説明するためにも、この判決文によって、もう少し詳しい事実関係を説明しましょう。

2　ヘア・カット事件の概要

　本件の判決では、例によって、精密司法と呼ばれて差し支えないほどに、場合によってはこんなことを事実認定する必要があるのかと思う事実を含めて、詳細に事実関係を認定しています。その要点は次のようなことです。少し長々とした説明になって申し訳ないことですが、お付き合いください。

　①　原告（女性、以下X）は、新宿区にあるキャバクラのキャバクラ嬢であり、その源氏名はAである。原告の給料は、基本的に売上比例であり、2004年の1月の給与は約189万円、2月が約199万円、3月が約82万円で、平均約157万円だった。

　②　2004年4月4日午前11時45分、Xは渋谷の美容室（以下、Y）に行き、カットとカラーリング等を依頼した。代金は1万6500円（内訳：ポイントストレートパーマ3000円、カラーリング9000円、カット4500円）ということだった。

　③　Yは、Xが接客業務に携わっていることを知っていた。Xは、髪型の希望として、雑誌JJ記載のものを参考にカラーリングとカットをすること、巻き髪やアップが可能な髪型とするため最も長い部分の長さは残すこと、頭頂部が短いウルフレイヤーのような髪型は避けることなどを希望し、さらに、スタイルはロングレイヤー、フロントの長さは鼻頭、トップの長さは17〜20cm、サイドの長さはセミロング（肩にかかる位）、ネープの長さは肩甲骨下部〜腰、シルエットはこのようにという趣旨の希望をした。

また、カラーリングについては赤オレンジとすることを依頼した。

　④　その後、シャンプーに始まり、大まかなベースカット、ストレート・パーマと作業は進んだ。その後、カラーリングをしたが、Xは、より明るい色を依頼したため、やり直しのため、4回カラーリングが施された。

　⑤　Yでは、その後、ドライカットをし、全体の形を整えるため、毛量を落とすカットや段をより強く入れるカットをした。しかし、その過程で、Xは、期待していた髪型に比べ、肩からループまでの毛量が少なく、全体的に剥く量が多いと判断したこと、会う予定をしていたXの交際相手から再々携帯電話に連絡が入ったこと、カラーリングも暗く気に入らないことなどから、同日午後7時頃、その中止を求め、Y側はそれを了承した（つまり、時間が全部で7時間くらいかかったことになる）。

　Yは、Xから本件美容契約代金を受領せず、かえって、トリートメントをプレゼントした。

　⑥　Xの交際相手は、職業はホストであるが、同日、本件カットが終了後、Xと会い、Xの髪型を見て、激怒してYに電話をし、強く抗議した。翌日、Xと一緒にXの交際相手、キャバクラの店長が、Yを訪ねて交渉した。キャバクラの店長の強い要求を入れる形で、Yは、Xに対し、「本人の希望する髪の長さを私が誤ってカットしてしまいました。」、「私が責任を持って本人が納得するまで無料でケアします。なお、他社でケアした場合の費用も私が責任を持って負担します。」などと記載した念書を差し入れた。Xは、本件カットについて、主に、頭頂部を初め多くの場所に短い頭髪があること、短い頭髪と長い頭髪が馴染んでいないこと、全体的に毛量が少ないこと、それらによって巻き髪やアップにすることが困難なことに強い不満があった。さらに、本件

カラーリングの結果にも不満があった。なお、本件カット後のヘアスタイルがカットによってJJ掲載の髪型になることができる期間は、裁判所によって5年ではなく約1、2年間であると認定されている。

⑦　Xの交際相手は、Yに対し、同月15日エクステ代7万円とヘアアイロン購入代3万3600円をXに払うよう要求し、翌日10万3600円が支払われた。

⑧　Xは、同月19日、はげが出来たため医療施設へ行き、円形脱毛症との診断を受け、治療を受けた。一般的に円形脱毛症はストレスによっても発症する。

⑨　Xは、自分のキャバクラ嬢としてのアピールポイントは長い髪が美しい点であると考えていたため、納得のいかない本件カット、本件カラーリングのままでの接客に自信がもてなかった。そこで、本件カット、本件カラーリング後、エクステンションをつけ、髪の量をカバーし、1か月後新たにカラーリングをした。原告は、エクステンションを購入、装着するため、少なくとも、2004年4月に7万円、6月に5万円、8月に5万円、10月に5万円を費やし、その後も、エクステンションの購入、装着に費用を支出している。

⑩　Xの収入は、2004年4月は約65万円、5月約91万円、6月約74万円、7月約66万円であって、その間の平均は月約74万円だった。その後2005年3月は約200万円、4月は120から130万円、5月は約70万円だった。

　以上は、裁判所の認定した事実です。この裁判で、Xは、自分が求めたデザインと異なるカットをされ、カラーリングによって頭皮に傷害を負ったことによって、そのヘアスタイル等について

の後遺障害を負い、キャバクラにおける売上げが低下し、精神的損害を被ったなどと主張しました。法律上の請求原因としては、債務不履行（契約違反）または不法行為に基づき、治療費、後遺障害に基づく逸失利益、後遺障害慰謝料、通院慰謝料等について損害賠償を求めたわけです。

　その内訳は次のようになります。

　（ア）治療費　9280円　円形脱毛症の治療費

　（イ）後遺障害による逸失利益　319万9728円

　　　　髪が短くされるなどの影響で、キャバクラでの人気が落ち、給与が大幅に落ち込んだ。その逸失利益5年分（Xは、髪が元通りになるまで5年はかかると主張していた）。

　（ウ）後遺障害慰謝料　200万円（後遺障害等級12級相当）

　（エ）通院慰謝料　52万円　通院月1回5年分

　（オ）弁護士費用　57万円

　これらの合計が629万9008円になるのです。

3　裁判所の判断

　これに対し、本件判決は、24万6400円の損害賠償を認めました。その内訳は、まず、円形脱毛症がYのカラーリングの失敗によるとの因果関係は認められないとしてその分の損害賠償を否定し、かつ請求の大半を占める後遺障害による逸失利益と慰謝料についても認められないとしました。なぜなら「髪型の問題は髪が伸びることによって解消するから、半永久的に残存することを前提とする後遺障害に基づく逸失利益ないし慰謝料請求はありえない」というのです。ただし、「原告は、一定期間その意に副わない髪型であることによって過ごさなければならないので、その慰謝料が問題となるが、それは通院慰謝料として検討する。」と

して、その部分である通院慰謝料30万円だけを認めると結論づけました。次のように述べて。

「前記前提事実のとおり、原告は髪をアピールポイントとしていたキャバクラ嬢であったのに、ウルフレイヤーに近い髪型となり、職業上巻き髪やアップをする必要があることもあって、エクステンションの装着を余儀なくされ、裏付けがあるだけでも約30万円の支出が認められること、髪に自信が持てなくなったため接客にも自信が持てなくなった時期もあったこと、しかし、他方、髪型の問題は時期がくれば解消するものであって、その期間も、原告が主張するように従前の髪型における長さを前提とするのではなく、本件美容契約の依頼の内容であるJJ記載の本件髪型を前提とすべきであって、そうであれば1、2年で足りることを勘案すると、30万円をもって相当と認める。」

そのうえで、Xの交際相手がYから取得した10万3600円を損益相殺し、弁護士費用を5万円だけ認め、合計24万6400円を損害賠償として認めました。要するに、ほぼ630万円に近い請求に対し、35万円（ただし、すでに支払い済みの10万3600円をそこから減額する）を認めるという判断をしたのです。

問題はその法的根拠です。英語に訳された文章では、必ずしも明確にされず、先にも述べたように教材では「不法行為事件」として扱っているのですが、日本語の判決文では、「本件美容契約上の債務不履行ないし不法行為の成否」という標題の下で、判断が示されています。その内容を、判決文の言葉を引用しながら紹介しましょう。

①　本件美容契約の性質について。Yの契約上のYの債務は、Xの求めたデザイン、カラーに基づき、カットし、カラーリング

すること、その過程で、デザインに見合ったカット手法を採用すること、デザイン、カラー等に疑義が生じればXに確認することである。また、刃物や染髪料等を用いる美容契約の性質上、併せて、Xの生命、身体を害しない安全配慮義務があると解される。

しかし、ここで、デザインについてのXの求めはある程度抽象的であること、頭髪の状態、性質には個人差があり、また同一個人であっても年齢や頭髪のコンディションによっても変化するため、同じカットを施しても、結果が同じとなるとは限らないことを勘案すると、その抽象的に求められたデザインの髪型とするために合理的なカット手法を採用すれば、Yにおいて、本件美容契約上の義務違反や違法行為は問題とならないと解すべきである。

②　そこで、本件において、その具体的内容を検討すると、前記のとおり、Yは、Xが接客業務に携わっていることを知っていた。さらに前記のように比較的細かな希望を伝えていた。特に、長い髪を残すことを明示していた。

そうすると、Xが主張する点のうち、本件カットは頭頂部が7cmないし8cmと短く、ウルフレイヤーに近く、Xの希望と一致しないことについては、本件美容契約上の義務違反ないし違法行為に該当する。

さらに、Yが、Xに途中でカットを示し、その確認をしなかったかについては、現にXが本件カット中に中止を求めたこと、Yの美容師が自分に任せろ等と述べていたことを総合すると、少なくとも、YがXの希望について、充分な確認を得ていないことは容易に推認できる。そうすると、Yには、この点においても、本件美容契約上の注意義務違反があり、違法な行為がある。

以上を要するに、判決は、カットのあり方についての希望は抽

象的な要素があり、厳密にそれに従うことは無理であると認めて、希望に添うよう、合理的なカットをすれば契約法上も不法行為法上も足りるとしながら、本件では、明らかにカットのしすぎであり、かつ途中でXに確認をとりながらカットを進めるという義務も果たしていないとして、債務不履行（契約違反）かつ不法行為であると認定しました。

ただし、それに伴う損害については、Xの主張する損害内容の大半を否定し、通院慰謝料だけを認めたわけです。

4　契約と不法行為の関係──日米の相違

先にも述べたように、本件判決は「本件美容契約上の債務不履行ないし不法行為の成否」という標題で論じた部分において、債務不履行（契約違反）と不法行為を実際には区別せず、その成否を論じており、結論として、カットしすぎという点において、契約違反でもあり不法行為でもあると判断したのです。わが国では、契約違反も不法行為も原則的救済は原告Xの「損害賠償」ですから、同一の損害賠償額に達するはずだと思われているようです。しかも、本件のように、美容室とその客という関係は明らかな契約関係であり、その履行の過程で何らかの過誤・失敗があれば、それは契約違反であると同時に不法行為にもなるというわけです。

しかし、アメリカではイエス・アンド・ノーです。どの部分がイエスかといえば、アメリカでも本件では契約関係が成立します。美容室Yは、客であるXに対し、1万6500円という対価の約束を約因として、カットその他のサービス提供を行っているからです。アメリカでは、service contract（サービス提供契約）であり、無償ではなく有償であれば歴とした有効な契約です。したがって、本件は不法行為法の教材とされていますが、アメリカでも契約が

存在することを否定するわけではありません。依頼したカットに不満で訴えているのですから、アメリカでも、契約違反で訴えることもできます。しかし、本件のように、サービス提供に不注意（過失）があったかが問題となるケースでは、本来なら不法行為法が対応することになるのです。

　ちょうど、医療過誤事件について、日本では契約違反と不法行為と二本立てで請求するのに対し、アメリカでは不法行為でのみ論じられるのと同じことです。なぜなら、結局、問題の中心は医療行為がそれに適用される医療水準を満たしているかいないかの過失判断であり、それはまさに不法行為の成否・有無を論ずることになるからです。アメリカでは、インフォームド・コンセントが十分だったか否かも、契約上の説明義務に違反したか否かではなく、医師として説明すべき事項を十分に説明したか否か、つまりその点に過失があったか否かを論じることであり、不法行為で議論します。医療の関係も、一応は契約でもあるかもしれませんが、そこで問題となるのは個別の契約で定められているものではなく、同様の医療で医師として十分なことをしたか否かです。それはその時点で社会が求める基準を満たすような行為がなされたか否かという問題であり、まさに不法行為として社会的に判断されるような行為がなされたか否かを論じているからです。

　そういう意味で、本件のようなサービス提供契約に関して何らかの過誤があったか否かは、アメリカでは、当然のように不法行為事件だと分類されたわけです。

　では、アメリカで本件のような事件が起きたらどうなるのだろうか、ということになりますが、結論としては、Ｘの請求は認められないでしょう。その論理はやや複雑になりますが、要するに、アメリカでは、不法行為は成立せず、さらに契約違反を問題にし

てもやはり認めがたいことになります。

5　アメリカでこの事件が起きたら──不法行為

　アメリカで、美容師が髪を切りすぎた（17センチから20センチ残すようにと伝えたのに、7センチから8センチになってしまった）、それによって顧客のキャバクラ嬢の売上げが落ちたから損害賠償請求、という事件が起きたら、どうなったかということが問題です。本件のように、サービス提供の契約で履行に過失があった場合、つまり過失による不法行為で生じた損害が経済的利益の喪失だけの場合、アメリカでは、economic loss rule（純粋経済的損失の賠償否定ルール）というものがあり、不法行為としての損害賠償はなされないのが原則です。この場合、本件でいえば、人身損害（ハサミで顔に傷をつけたなど）や財産損害（シャンプーが多量に飛んで、Xが身に着けていた年代物の時計が水浸しになり止まってしまったなど）がないことが重要です。もしも、人身損害や財産損害があれば、それに伴う経済的損失は賠償される対象となります（もっともどこまでの経済的損失を対象とするかについて、法的因果関係を根拠に限定することがあります）。しかし、純粋に経済的損失しかないケースでは、不法行為がそもそも成立しないとされます。

　たとえば、法と経済学の創始者として有名なポズナー裁判官は、次のような例を挙げてeconomic loss ruleを正当化しています（Richard A. Posner, Common-Law Economic Torts: An Economic and Legal Analysis, 48 Ariz. L. Rev. 735（2006））。

　「Aの店の隣で、Bがビルを建設中に、クレーンがBの過失により倒れて、Aの店を毀損したうえ、顧客のCもけがをした。このようなケースでは、Aは店の損害に加えて、店が営業できな

くなればその損失も損害賠償請求できる。顧客のＣも、けがをした治療費や精神的損害に対する賠償、さらにはけがによって働けなくなったらその経済的損失も回復できる。

ところが、事案が少し変わって、Ｂの過失によりクレーンは倒れたが、倒れたのはＡの店ではなく、その前の道路だったとする。しかし、道路が毀損して、Ａの店には客が入れなくなり、その復旧に数日を要した。この場合、ＡはＢの過失によって、経済的損失しか受けていない。このようなケースでは、アメリカ法は伝統的に不法行為請求を認めない」。

ポズナー裁判官によれば、法と経済学的には、このようなルールは次のようないくつもの理由で正当化されます。

① 第１の理由は、Ａの損害（経済的な利益の喪失）は完全に私的なものであり、社会的に見れば、Ａの店に行けなくなった顧客は別の店で買い物をするので、何ら損害がないというものです。社会的費用（social cost）が発生していない、だから救済の必要がないというのです。日本の不法行為法が当事者に生じた私的な損害の「公平な損害塡補」を実現するのだと信じている日本の法律家には、びっくりの理屈でしょう。アメリカでも、法と経済学の学派に属さない法律家なら、これには直ちに賛成しないかもしれません。

しかし、この理由づけに賛成しなくとも、現実に純粋経済的損失の賠償否定ルールという原則はアメリカに存在するし、支持されているという点にまず留意すべきです。そして、不法行為法は私法の有力な一部を構成するものですが、それが存在するのは社会に有益な活動を抑制せず、不合理に危険な活動だけを抑制するものだと考えると、社会全体に不利益を及ぼす場合だけ賠償請求

を認めることに合理性ありとなります。人身損害や物的な財産損害がある場合なら、それは社会としても明らかに損害が生じている場合ですから、不法行為法で救済すべきだが、経済的損失にとどまるなら、しかもその経済的利益が他に移転するのなら、社会全体としては何ら損害がないという理屈です。つまり資本主義経済において、損失を生ずるものがあれば、それによって利得を得るものもある、それが常態であり、わざわざ法が介入するのは、それを上回る何らかの社会的利益の存在が必要だというのです。Ｂの行為には過失があるという前提ですから、過失のある行為を抑止するというのは立派な理由になりうるのですが、それは後述するように、すでに十分な抑止のためのルールが別に存在するので大丈夫だというのです。

　②　２つ目の理由は、これは大方の受け入れやすい理由だと思いますが、経済的損失は事前に予見することが難しく、しかもその範囲も際限なくなるというものです。先の事例でいえば、Ｂがクレーン事故その他の損害を保険で分散しようとしても、Ａの店の営業利益がどれほどかはわからないでしょう。損害防止に見合う合理的な注意を払うべきだというのが不法行為法の原則ですが、そもそも損害額が見積もれないのでは、どれだけの注意を払う措置をすればよいのかがわかりません。

　③　３つ目の理由は、２番目の問題と関連しており、経済的損失という損害の範囲を確定するのが難しいというものです。たとえば、公道の毀損は、Ａの店ばかりでなく、近接の店の営業にも影響する場合があります。私が考えても、たとえば、それによって遠回りを余儀なくされた宅配業者なども考えることができ、それ以外でも多数の事業主体に影響を及ぼすとなると、経済的損失は莫大になり、かつ予想もつかず、もちろん保険で分散すること

も不可能になります。

④　同様に4つ目の理由として、通常の不法行為の被害者は限られた数しかいないのに、複雑に絡み合った経済社会において、経済的損失は次から次へと連鎖して、どんどん被害者を増やすことになりかねません。

⑤　最後に、不法行為の抑止機能としては、クレーンが倒れる事例では、その倒れ方によっては冒頭の仮設例のように、Aの店自体を損傷し、そこにいた顧客に人身損害を負わせるリスクがあるわけですから、そのようなリスクに対し過失判断をすることで、十分に不法行為による事故抑止機能は果たしているというべきです。

ともかく、繰り返しになりますが、法と経済学的な分析で正当化するか否かはともかく、アメリカでは昔から economic loss rule（純粋経済的損失の賠償否定ルール）が存在したということが重要です。したがって、私たちの関心事であるキャバクラ嬢の訴えの中心が経済的利益の喪失にある以上、アメリカで同じようなことが起きても、不法行為による訴えが認められる可能性はきわめて低いことになります。

6　アメリカで同じことが起きたら──契約

ただし、キャバクラ嬢の事例は、ポズナー裁判官が挙げるクレーン倒壊の事例とは大きく異なる点があります。そこには契約関係があるからです。美容師と顧客の契約が何であるかについては、この裁判でも争いがあり、はっきりとした髪のカットの完成を約束する請負契約だとXは主張し、Yはそれに対し、合理的な注意を払いながらサービスを提供する準委任契約だと主張していま

すが、いずれにせよ契約関係の存在を前提にしています。アメリカでも、1万6500円の支払約束を対価（約因）とする契約関係があることは同様です。

　その場合に、サービス提供（契約の履行）に問題があり、本件のように純粋な経済的損失が生じた場合、アメリカではどうなるでしょうか。先に見たように、不法行為という請求原因では、原則としてうまくいきません。しかも、アメリカ法では、このようなケースでは、契約関係の中でそのようなリスクの配分を行うべきであり、不法行為でなく契約問題として解決すべきだとされています（その趣旨を説く最新の典拠として、不法行為法第三次リステイトメントがあります。Restatement of the Law Third Torts: Liability for Economic Harm §3（2012）参照）。

　では、本件で契約責任を問うことができるでしょうか。アメリカでは、契約とはまさに経済的利益を追求するものですから、契約の定め方によっては、本件のような経済的損失を相手方に請求することが可能です。しかし、結論的にいえば、本件のようなケースでXが失われた経済的損失（キャバクラの客が減少して給与が減った損害）を回復することはできないでしょう。

　この損害は、まさにXだから生じているものなので、通常損害（髪のカットが約束通り行われないこと、つまり契約違反によって誰にでも生ずるもの）ではなく、特別損害になります。特別損害の回復には、何よりも当事者（特に債務者、本件でのY）にとって、それが予見可能な範囲でなければなりません。判決では、Yは、Xが接客業務に携わっていることを知っていたと認定されていますが、ここでいう予見可能性とは、契約違反による予見可能な損害のリスクをYが引き受けていたとされるほどのものでなければなりません。

私が教室設例で挙げるのは、「たとえば、私が空港までタクシーに乗車中、タクシー運転手に、この飛行機に間に合わないと大事な1億円の取引がフイになる、と語っていたとして、タクシーが整備不良のため途中で故障し、飛行機に間に合わなかった。1億円の取引ができなくなった損害の賠償をタクシー会社に請求できるかといえば、それはできない」というものです。

　そもそも英米契約法の古典的先例である、Hadley v. Baxendale,（1854）9 Ex. Ch. 341 がこの種の紛争での最も有名な事例です。この事件では、製粉工場で機械のクランク軸が壊れ、それをモデルに新たに軸を作ってもらうため、壊れた軸を機械の製造業者に運送して新しい軸を返送してもらう運送契約がなされました。運送業者は2日で運ぶ約束をしたのですが、過って数日配送が遅れ、その間、工場が余計にストップしました。そこで工場主が、遅延によって余計に失われた損害の賠償を請求しました。しかし、裁判所は、このような損害については予見可能性がなかったとして賠償を否定したのです。まさに経済的損失の賠償を否定した事件です。

　アメリカでは、この場合の予見可能性とは、単に、そういう話を聞いていたというだけでは足りず、明らかに運送業者が相手方に経済的損失が生ずるリスクを負うというような契約だったことが必要だとされています。本件のキャバクラ嬢のケースも同様であり、「接客業務に携わっていたこと」を知っていた程度で、その経済的損失をすべて美容室がかぶることは、通常はありえません。もちろん、「従来と同じように、あなたのお客様に喜んでもらえるようにします。それによって従来の報酬が変わらずに得られるようにします」とでも保証すれば、さらに、それに応じてキャバクラ嬢が、通常のカット料金ではなくその数倍の料金を約束

しているような事例では別かもしれませんが。

　なお、さらに付け加えると、アメリカの契約法では、契約違反に伴う精神的損害の賠償（日本でいう慰謝料）は認められません。その点でも、キャバクラ嬢の請求は否定されます。

　したがって、アメリカで本件と同じような事案が起きた場合、不法行為で訴えてもだめ、契約違反で訴えてもだめになります。

7　日本の裁判所の判断——日本的大岡裁き（？）の特色

　日本の裁判所でも、本件では、ほぼ630万円の賠償請求のうち、30万円＋弁護士費用5万円という、ほんの一部が認められたにすぎません。それはアメリカの裁判所と同じだといってよいでしょうか。

　もちろんそうはいえないでしょう。ゼロではなく、35万円認めているのですから。

　アメリカの裁判の方が正しいとは限りませんが、少なくとも本件判決には、日本の裁判所による判断の特色が見えます。

　第1に、なぜ30万円認めているかといえば、Xが髪を短くカットされたので、「エクステンションの装着を余儀なくされ、裏付けがあるだけでも約30万円の支出が認められること」が大きな理由です。しかし、これも客離れという経済的損失をできるだけ軽減するための努力だとすると、Xがそのような行為に出るのは当然であり、アメリカ的にいえば、経済的損失ルールで全体を賠償しない以上、この出費も対象になりません。しかし、日本的にいえば、短くカットしすぎたことが認められる以上、出費分くらいは賠償請求できてよい、という判断があります。

　第2に、逆に、主たる請求である客の減少に対する逸失利益とそれに対する慰謝料を認めなかったのは、カットしすぎという

行為が永久的に影響するものでないという理由を挙げていますが、一時的にせよ影響したのなら十分な理由とはいえません。なぜなら、わが国には、経済的損失の賠償否定ルールというような原則はないからです。しかし、大きな額の賠償は認められないと裁判所は考えたわけであり、それは本件にクレーマー的な要素を感じたからかもしれません。たとえば、Yに怒鳴り込んだXの交際相手の職業をわざわざ判決文で明記していることや、Yに念書を書かせた経緯など、詳しすぎる事実の記述が、本件の判断の結果を正当化することにつながっているような気がします。髪の毛が短くなったから客が減少して経済的損失が生じた、という因果関係を否定すればいいようなものですが、それも難しいと考えられたのでしょう。

　第3に、それでもXの請求を全部否定するのはどうかと思われたことが、重要です。それは、何といっても、実際に契約違反または不法行為にあたる「カットのしすぎ」を認定している以上、日本では契約違反にも慰謝料は認められますから、何らかの慰謝料という形で、出費額程度は認めようということでしょう。さらに、不法行為も認定しているので、最高裁の先例に従い、不法行為の場合の原告が要した弁護士費用の一部は、加算しようというわけです（わずか5万円ですが）。このように、少しは請求も認めたことで、両当事者の間で、「公平」な判断をしたというわけです。

　しかし、それは日本の裁判所が考える「公平」であり、このような「痛み分け」的判断が本当に適切かは再検討する余地があります。アメリカの法律家なら、一部でも請求が認められた以上、これを先例として、カットの仕方に少しでも不満を持つ顧客がすべて「訴えてやる」と言い出したらどうするのかと思うでしょう。

もちろん、本件で請求の全額が認められたわけではないのですが、何であれ「優しい」日本の裁判所は、訴えに応えてくれるのですから、「訴えてやる」という言葉に現実味が加わり、実際に訴えることがなくともいくらかの謝罪金をせしめることができると考える輩も出てこないとも限りません。それでは大岡裁きとは、いえないように思います。

　このヘア・カット事件は、日本の裁判のあり方を知るうえでは有益な教材のようです。ここでも、日本の方が、一部であれ、裁判上の救済を与えてくれるように、アメリカ人の学生には見えるでしょう。それならどんどん同様の訴訟が多発するかといえば、そうはなりません。

　それは、この判決も、日本では事例判決であり、髪を切られすぎた客が訴えたらいつでも一定の慰謝料は取れるとは必ずしもいえないからです。また、この事件で認められた金額も小さなものですから、弁護士を雇って裁判に訴えるほどのものではありません。合理的な人なら、裁判は割に合わないと思うでしょう。

　しかし、それならはっきりとこのような事件では裁判上の請求は（簡単には）認められないと明言し、ルールとして提示した方が社会的に有意義だと、アメリカの法律家は考えるかもしれません。それは、裁判は誰のためにあるのか、裁判は何のためにあるのかという課題につながります。

第3話　PTSDになったと主張する交通事故被害者

　　民事裁判は、結局のところ、金銭賠償を認めるか、認めるとした
　らどれだけ認めるかの争いです。この事件では交通事故の被害者が
　1億円近い損害賠償の請求をしました。本件は単純な追突事故で、
　加害者の過失は明らかでしたから、争点は、どれだけの賠償を認め
　るかに絞られました。アメリカのロー・スクールでは、不法行為で
　認められる賠償額の日本法のあり方について、アメリカとは違う点
　を発見して、おもしろいと感じるでしょう。

　不法行為の章で取り上げられている3番目の判例は、1998年
3月に起きた交通事故の事案です。原告（以下、X）が、赤信号
で停まっていたところ、被告（以下、Y）の車が時速50キロない
し60キロで追突したということですから、当事者間に契約があ
るはずもなく、正真正銘の不法行為事件です。しかも、Yの一方
的な追突事故ですから、過失の存在も明白であり、論点は、この
事故による損害賠償はどのようにして決められ、かつどのような
内容になるのかです。ケースブックでも、「（日本の不法行為法に
おける）損害のあり方」という見出しの下で取り上げられていま
す。

　教材になっているのは福岡高裁の控訴審判決（の英訳）で、裁
判経過を簡単に紹介すると、まずXは、この事故によりPTSD
（Post Traumatic Stress Disorder、外傷後ストレス障害）になったと

して、総額9345万円（正確には9345万6944円）の損害賠償を請求しました。第1審判決（福岡地裁飯塚支部平成14年（2002年）3月27日判決、判例時報1814号132頁）は、XがPTSDになったことは認めながら、その程度は軽いとし、障害等級7級4号程度であるなどと述べて、2779万7699円の賠償を認めました。X、Yともにこの判決に不満で控訴した結果、福岡高裁（福岡高裁平成16年（2004年）2月26日判決、判例時報1860号74頁）は、PTSDにはあたらないとし、さらに障害の程度も7級4号ではなく9級10号にあたる程度であるとして、1267万2320円の損害賠償を認めました（つまり、減額しました）。なお事件はこの判決で確定しています。

●アメリカ人にとっての驚き●

　いったい、この事件のどういうところがアメリカ人にはおもしろいのでしょうか。「えーっ」という驚きの部分はどこにあるのでしょうか。

1　事案の概要

　本件の争点は、Yの過失による追突事故（不法行為）であることは明白なので、損害賠償としてどれくらいを認めるかが争点でした。その際、XがPTSDになったか否かが、最も重要な争点となりました。しかし、アメリカ人がそれだけに関心をもって、この事件を教材にしたわけではありません。その点を考えるには、やはりもう少し詳しい事案の紹介が必要です。以下、裁判所が認定した事実を（例によって詳細なので、それをできるだけ簡略にして）記述します。少し長くなりますが、ここでもまたどうかお付き合いください。何しろそれもまた日本法（日本の裁判）の特色

なのですから。

①　Xは、昭和45年（1970年）10月15日生の短期大学卒の女性で、平成7年（1995年）5月に婚姻した専業主婦である。

②　平成10年（1998年）3月20日午後1時20分ころ、大分県日田市においてXが運転し、その夫が助手席に同乗する自動車が信号待ちのために停車中、Yの運転する車が時速50ないし60キロメートルで追突した。同事故は、Yが車の床に落ちたパンを拾うために下を向き、進路前方を見ないまま走行し、直近になってX車両に気付いたものの、制動措置をとることなく衝突したというYの過失に基づくものであるため、本件事故によってXに生じた損害について、Yは賠償義務を負う。

③　本件事故後、Xは、1999年9月21日までの間に、5つの病院に入通院している。入院は平成10年（1998年）3月23日から5月2日までの41日間、三笠外科医院への入院である。その後も2つの病院に通院している。

④　Xは、自賠責保険の事前認定において、14級10号（局部に神経症状を残すもの）と認定されている。

⑤　1998年9月から2000年12月28日にかけて合計298万7060円が、2002年6月4日にも100万円がそれぞれXに対して支払われている。

これらの事実を前提に、争点となったのは損害賠償の中味です。
まずXは次のように主張しました。要するに、Yの不法行為の結果、XはPTSDと呼ばれるほどの症状となり、総額9345万円余りの損害を受けたというのです。その主張をもう少し詳しく見てみましょう（以下の記述での下線は私が付けたものです）。

①　Xは、本件事故当日、頭部・腹部打撲の傷害を負い、大分県済生会日田病院で診療を受けた後、翌日、飯塚病院整形外科で検査を受けて頸椎捻挫と診断され、平成10年（1998年）3月23日から5月2日まで三笠外科医院で入院治療を受けた。

しかし、Xは、退院後も、台所に立つだけでめまいがし、まったく家事ができない状況となり、5月19日にはめまいがひどく頸椎痛による発熱で救命センターに運び込まれ、翌20日飯塚病院整形外科で頸椎捻挫と診断されたが、25日には同病院心療内科において、PTSDと診断された。その後も、Xはおおむね週に1回程度の割合で通院している。

②　Xは、PTSDにより、不眠、集中力低下、動悸、いらいら感が強く、一日中寝ている状態で、自立した日常動作をすることができず、日常生活に大きな支障をきたしている。

③　Xは、現在でも症状は好転せず、逆に自殺未遂を起こすなど悪化の兆候すらあり、厳格な意味での症状固定ではないが、現状では改善の見込みがあるとはいえないとの判断をもって平成11年（1999年）12月20日に症状固定とされた。その後も現在の症状を悪化させないための治療は必要であり、心療内科への通院を継続している。

④　損害（本件事故によってXが被った損害は以下にとどまらないが、現時点では以下の範囲で内金請求をする。）

ア　入院雑費　5万7400円（入院期間41日間につき、1日当たり1400円として算定）

イ　交通費　19万8720円（通院ばかりでなくXが日常生活をしていくために必要な交通費も含む）

ウ　休業損害　607万7049円（本件事故日の平成10年3月20

日から症状固定とされた同 11 年 12 月 20 日までの 1 年 9 か月間（21 か月）について、平成 10 年賃金センサス第一巻第一表・産業計・企業規模計・女子労働者平均賃金 25 歳から 29 歳までの年 347 万 2600 円を基礎収入として算定）

　エ　入通院慰謝料　240 万円

　オ　後遺障害慰謝料　1450 万円（X の症状は、後遺障害等級 5 級 2 号（神経系統の機能又は精神に著しい障害を残し、特に軽易な労務以外の労務に服することができない）に該当し、これは一生涯変わることはない）

　カ　後遺障害逸失利益　6172 万 7690 円（X は、労働能力を 79 パーセント喪失しており、平成 10 年賃金センサス第一巻第一表・産業計・企業規模計・高専・短大卒・全年齢平均年 372 万 6100 円を基礎収入として、中間利息について新ホフマン方式で控除して算定）

　キ　弁護士費用　849 万 6085 円

　ク　合計　9345 万 6944 円

　以上のような損害額に関する X の主張は、1 億円に近いものです。その 3 分の 2 は後遺障害逸失利益の 6172 万円余りであり、それは PTSD になったために、労働能力を 79％喪失したからだということです。

　これに対し、Y は X の症状は PTSD にあたらないと反論し、後遺障害の程度も 14 級 10 号（局部に神経症状を残すもの）を超えるものではなく、それを前提に、逸失利益や慰謝料などの損害額を算定すべきだと主張しました。

　なお X の態度、とりわけ Y との関係については、裁判所の認定によれば、X は Y を激しく憎悪し、Y が困惑するような内容の電話やファックスを送るなどした他、「裁判をして苦しめたい」、

「一生つきまとう」と述べたそうです。さらに裁判の期日において、XはYの顔面に唾を吐きかけるという行動を取るなど、Yに対する憎悪の念は常軌を逸した面も見受けられると判決文に書かれています。この点は、損害の算定にも影響したでしょう。またXは数回自殺未遂を起こしたとも記されています。

2　2つの裁判所の判断

　英文の教材では、福岡高裁の判決だけが紹介されているのですが、ここでは、後で日本とアメリカの比較を行うためにも、第1審である福岡地裁飯塚支部の判決も簡単に紹介しましょう。要点は、第1審裁判所は、PTSDであることを認めながら、請求額をはるかに下回る2779万7699円の賠償を認めたのに対し、福岡高裁は、PTSDを否定し、損害賠償額もさらに低くして、1267万2320円の賠償としたということです。

　まず、第1審が認めた損害の内訳です（Xの請求に合わせられる限りで、ア、イ、ウ……で表記します）。

　ア　入院雑費　5万3300円（入院41日間、1日につき1300円とする）

　イ　交通費　56万0210円（これは請求額を上回るが、Xが後遺障害のために通院を継続する必要が認められているので、それに関するタクシー代を判断に入れるとこの額が適切である）

　ウ　休業損害　598万1000円（病状固定とされた1999年12月20日までの21か月間、就労ができなかったと認められる。基礎となる収入について平成10年賃金センサス第一巻第一表・産業計・企業規模計・女子労働者・学歴計・全年齢平均賃金を当てはめると、Xの場合、年額341万7900円が基本となり、12で割って21倍すればこ

の金額となる）

エ　入通院慰謝料　190万円（上記の入院及び通院の期間等からすれば、入通院慰謝料としては、上記金額が相当である）

オ　後遺障害慰謝料　800万円（Xの後遺障害の程度は、障害等級7級4号（神経系統の機能又は精神に障害を残し、軽易な労務以外の労務に服することができない）に該当すると認めるのが相当である。そして、PTSD症状は、自然に回復することも多いが、一部には慢性化し、仕事や日常生活に影響が出る場合もあるとされていることや、飯塚病院心療内科の各医師の今後の病状の治癒の見込みからすれば、下記の労働能力の喪失は、症状固定後10年間にわたって継続するものと解するのが相当である。そして、上記の後遺障害の程度及び労働能力の喪失の期間等に照らせば、その慰謝料は、800万円とするのが相当である）

カ　後遺障害逸失利益　1493万3000円（Xの後遺障害に関しては、XはPTSDであるという事実認定の下で、症状固定時から10年間にわたり、労働能力の56パーセントを喪失したものと認め、平成11年賃金センサス第一巻第一表・産業計・企業規模計・女子労働者・学歴計・全年齢平均賃金345万3500円を基礎に中間利息の控除についてライプニッツ方式で算定すると、この金額となる）

キ　ここまでの小計　3142万7510円

しかしながら、Xの有する素因がPTSDの発症にどの程度関わっているのかについては、これを明らかにする証拠はないものの、XのYに対する気持ちや考え方の癖がその病状の軽快及び治癒の遅れにある程度の影響を与えていることは否定できず、当事者間の損害の公平な負担を図る過失相殺の立法趣旨からすれば、この分について、一定の割合で控除するのが相当であり、その割合は1割が妥当である。

その結果、前記小計の額から 10% を減額し、損害賠償として認めるべき額は、2828 万 4759 円となる。

→新たな小計　2828 万 4759 円

ク　損益相殺

X は、本件事故に関し、Y 側から、合計 298 万 7060 円の支払を受けているので、その分を損益相殺し、2529 万 7699 円

ケ　弁護士費用　250 万円（事案の内容、認容金額等に照らし、前記金額が相当である）

コ　最終的合計　2779 万 7699 円

今度は、最終的に確定判決となった福岡高裁判決で認めた損害の内訳を見てみましょう。上記の 2800 万円近くの金額が半分以下になる理由がわかるはずです。

ア　入院雑費　5 万 3300 円（第 1 審と同額。入院 41 日間、1 日につき 1300 円）

イ　交通費　19 万 8720 円（X が請求した額。それを超える額は否定された）

ウ　休業損害　598 万 1325 円（第 1 審とほぼ同額。第 1 審は 1000 円未満を切り捨てたのに対し、福岡高裁は計算結果で出た金額を 1 円単位まで認めた）

エ　入通院慰謝料　190 万円（第 1 審と同額）

オ　後遺障害慰謝料　500 万円（第 1 審の 800 万円から減額。高裁は PTSD を否定し、後遺障害による X の労働能力喪失割合は 35 パーセント、その期間は 10 年としたので、後遺症慰謝料は 500 万円が相当だとした）

カ　逸失利益　923 万 7199 円（第 1 審の 1493 万 3000 円から大

幅に減額。これも PTSD であることが否定されたため、労働能力の 35％を喪失したものとして、基礎収入については、平成 10 年賃金センサス第一巻第一表・産業計・企業規模計・女子労働者・学歴計・全年齢平均賃金 341 万 7900 円を基礎収入とするのが相当だとし、かつライプニッツ方式で中間利息を控除した）

　キ　ここまでの小計　2237 万 0544 円

　しかしながら、本件事故の態様と X が訴える障害の程度との間には著しい不均衡が認められ、また、X の Y に対する言動の内容からすると、現状のような過大なまでに重い後遺障害が発生したことについては、X の個人的な素因が深く関与していることは容易に認められる。このように、本件事故との間に相当因果関係のある損害であっても、これが同事故によって通常発生する程度、範囲を超えるものであって、その損害の拡大について X の心因的要素が寄与しているときは、損害額を定めるにつき、民法 722 条 2 項を類推適用して、その損害の拡大に寄与した X の事情を斟酌することができるものと解されるところ（最高裁第一小法廷昭和 63 年 4 月 21 日判決）、前記に認定した諸事実によれば、X の損害のうち、3 割をその心因的要素が寄与した部分として減額するのが相当である。

　その結果、前記小計の額から 30％を減額し、損害賠償として認めるべき額は、1565 万 9380 円となる。

　→新たな小計　1565 万 9380 円

　ク　損益相殺（X が Y 側から 398 万 7060 円の支払を受けているので、これを弁済あるいは損益相殺として控除した後の損害の残金は 1167 万 2320 円となる）。

　ケ　弁護士費用　100 万円（第 1 審から減額。因果関係の認められる弁護士費用は 100 万円と認めるのが相当である）

コ　最終的合計　1267万2320円

3　アメリカ法での損害の定め方は一度きり

　ここまで付き合ってくださって感謝します。単純な追突事故で
も、損害の算定でこんなに細かな話になるわけで、日本における
裁判というものが大変だということがおわかりいただけたのでは
ないでしょうか。しかも、9000万円以上請求しても、結局、
1200万円余りにしかならなかったのですし。もっとも1267万
円も請求が認められたのだから大きなことではありますが。

　しかし、裁判を知らない日本人以上に、アメリカのロー・スク
ールの学生なら驚くべき点はいくつもあります。その1つは、
日本では、第1審裁判所で認められた損害賠償が、福岡高裁で
半分にされている点です。

　もちろんそれはXの病状がPTSDと認められたか否かによる
違いが大きいのですが、いずれにせよそれが事実認定です。つま
り、この事故でどれだけの損害が生じたかは、事実問題であり、
アメリカであれば、それは第1審裁判所で判断すればそれで終
わりです。しかも、前にも述べたように、陪審が認定しますから
1167万2320円というような金額ではなく、丸めた数字になり
ます。なおPTSDと認定するかも事実問題です。陪審が、証拠
に基づいて裁判官の指示を仰ぎながら、その有無を認定します。

　つまり、アメリカでは事実審（事実問題を争う裁判所）は第1
審裁判所だけであり、上訴審は法律審（つまり法律問題を争うとこ
ろ）という役割分担がなされています。もちろん第1審裁判所で
法律問題を争えないということはありませんから、事実審といっ
ても、事実を認定したうえで法律の適用をすることは当然です。
法によって裁くのが裁判所ですから。しかし、第1審裁判所に

しか陪審はいませんし、事実認定は1回限りです。例外は、第1審裁判所での事実認定が、十分な証拠もなく行われている場合です。証拠の採否は裁判官が行う法律判断なので、その誤りに基づく事実認定がなされていれば、上訴裁判所で差し戻すことはあり得ます。本件でいえば、PTSDの認定が何ら証拠に基づかないで行われていれば上訴審で取り消すことができます。

　しかし、繰り返しになりますが、アメリカでは事実認定は一度きりです。ところが、日本の民事裁判では、控訴を受ける高等裁判所は「続審」といって、第1審裁判所の継続だとされており、堂々と事実認定をすることができます。つまり、事実認定を二度することができる制度なのです。

　アメリカのように、事実審1回、法律審1回という裁判制度に慣れた目から見ると、日本の制度は「びっくり」のはずです（なおアメリカでも、三審制度といって、高等裁判所のうえに最高裁がある州が多いのですが、最高裁は重要な法律問題だけをピックアップして判断するところとされています）。

　びっくりするだけでなく、非効率的だとも思うでしょう。本件でも、福岡高裁の方が事実認定に長けている、そちらの認定の方が正しいと、どうしてわかるのでしょうか？　裁判所が、2つ異なる判断を示せば、当事者は「何だ、結局、裁判というのも裁判官次第」と思うでしょう。もちろんそれが実際のところ正しい裁判の認識なのですが、それを制度的に示すようなことをなぜしているのか不思議に思うでしょう。

　裁判官は事実認定の専門家ではありません。法律の専門家です。長年やっていれば事実認定に慣れることはあるでしょうが、1件1件異なる事案の事実認定がより正確に行える保証はありません。本件でも、高裁の裁判官の事実認定の方が正しいという根拠

はありません。ちょうど逆の判断が出ても、高裁判決で確定するのは、審級制度がそのようなものだからです。

　日本の裁判では、事実認定を繰り返し行うことで丁寧な精密司法がなされているということもできますが、アメリカの法律家には、余計な手続を重ねているとしか思えないかもしれません。

4　アメリカ法での損害──医療費・逸失利益・精神的損害

　アメリカで本件と同じような事故が生じた場合、追突された被害者Ⅹは、頸椎を捻挫し、通院、入院、さらに家事も十分にできない結果となっているので、アメリカでも、損害賠償が認められます。

　その内訳も、医療費、労働できなくなったことによる損害（逸失利益）、そして精神的損害という３つに分けられます。それは日本の裁判所で認める損害の内訳と同じです。

　ところが、実際にそれぞれ認められている内容を見て、アメリカのロー・スクールの学生はびっくりするでしょう。まず請求されている医療費が異常に少ないことです。日本語では、入院雑費と表現されていますが、英訳では、expenses for hospitalizationとされ、文字通り、入院費用です。入院が41日もあって、しかもそれが、1日1300円で41日分という計算です（Ⅹの請求時点では、1日1400円として41日分とされていましたが、いずれにせよ少額です）。

　アメリカで41日も入院していれば、医療費は莫大になります。傷害の度合いも、それに見合う重傷だと考えられるでしょう。交通事故で41日間入院したと聞けば、ICU（集中治療室）に何週間も入って九死に一生を得たような場合だと考えるのではないでしょうか。

もちろん、日米のこの差を理解するには、自動車の保険と医療保険制度の違いを知る必要があります。本件のような場合、追突した自動車を保有しているＹ側の過失が余りにも明らかなので、Ｙ側の自動車賠償責任保険（いわゆる自賠責）が入院費などを支払ってくれたのではないかと思います。日本の場合、自動車を購入すれば自賠責に強制加入であり、その保険金額が一定範囲までなので、さらに任意保険に加入しているのが普通です。いずれにせよ、入院雑費とあるのは、入院費用本体について被害者Ｘは払っていないということです。それでも入院すれば、それに伴っていくらかの費用はかかるのが普通なので、それを請求したということでしょう。英語の訳は、その意味を十分に伝えていません。外国の制度を理解するのが難しいことを示しています。

　さらに、万一、Ｙ側の保険で支払ってくれなくても、Ｘが入院費用全額を払うことにはなりません。その場合も、いわゆる国民皆保険制度を利用することが可能であり、通常は３割負担です。その結果、患者への医療費の負担の少ないことが、日本とアメリカとの大きな違いです。

　それにしても、アメリカ人なら、頸椎捻挫程度で手術も不要なのになぜ41日も入院させるのかといぶかしく思うでしょう。実際に、入院すれば、誰が支払うにせよ医療費自体は日本でもかかるはずですから、どんな保険にもつきもののモラル・リスクが生じて、安易な入院が行われていると考えるかもしれません。

　アメリカでも事故に遭ってけがをすれば、まず問題となるのは医療費です。それが、被害者Ｘの請求額全体にとって、アメリカから見て異常なほど小さいとすれば、医療費が必要なために不法行為訴訟を提起するインセンティブはそれだけ小さいことになります。言い換えると、日本で人身被害（けが）を伴う不法行為

訴訟がアメリカよりもはるかに少ないとすれば、その原因の大きな要素に、強制的保険制度による損害分散があると思われます。しかも、そのような効果は、第一次的には被害者の利益なのですが、結果的に、加害者の利益にもなっていることにも注意すべきです。何しろ不法行為訴訟でも、被害者Xは、本来自分で支払った、あるいは自分に生じた「損害」の賠償請求しかできません。これがアメリカであれば、Xが長期間の後遺症に悩まされるようなら医療費は巨額になり、もっと大きな請求額になったでしょう。

　次に、本件判決で問題となるのは、Xに生じた逸失利益です。先に記したように、被害者Xは専業主婦で、事故当時は27歳。職に就いた経験もなかったのです。このような女性にとって逸失利益（失われた収入）とは何を意味するのでしょうか。

　しかし、日本の裁判では、この点について大きな問題となっていません。本件の場合、症状固定とされた1999年12月20日までの休業損害と、それ以降将来にわたる逸失利益に分けて認定されています。繰り返しになりますが、福岡高裁によるその認定は、次のようなものでした。

　・休業損害　598万1325円（病状固定とされた1999年12月20日までの21か月間、就労ができなかったと認められる。基礎となる収入について平成10年賃金センサス第一巻第一表・産業計・企業規模計・女子労働者・学歴計・全年齢平均賃金を当てはめると、Xの場合、年額341万7900円が基本となり、12で割って21倍すればこの金額となる）

　・逸失利益　923万7199円（労働能力の35％を喪失したものとし、かつ今後10年間それが続くとした。基礎収入については、平成10年賃金センサス第一巻第一表・産業計・企業規模計・女子労働

者・学歴計・全年齢平均賃金341万7900円を基礎収入とするのが相当だとし、かつライプニッツ方式で中間利息を控除した）

　つまり、日本の判決では、Xが専業主婦であったことと、それまで職に就いた経験がないことは、何ら影響を及ぼしていません。むしろ、短大卒の女性が働いていたら得たであろう平均賃金が、「休業損害」および今後の逸失利益として、何ら特別な立証なく認められているわけです。

　ただし、この点は、アメリカでも、専業主婦について何ら休業損害・逸失利益を認めないことはありません。したがって、この点で「アメリカ人はびっくり」ということではありません。1つだけ、アメリカの判例を紹介しましょう（Richmond v. Zimbrick Logging, Inc., 863 P.2d 520（Ore. Ct. App. 1993））。

　この事件では、車の助手席に乗っていた女性が、木材運搬トラック（logging truck）に衝突されてけがをし、運転手とその会社を訴えました（オレゴン州は製材業で有名な州です）。第1審裁判所では、陪審審理により、逸失利益3万7399.95ドルと精神的損害賠償3万ドルが認められました。アメリカでは丸めた数字で損害賠償が認められるといっているのに、本件では、95セントという数字が出てきます。それは、訴えた女性が支払った医療費が5971.60ドル、女性が回復期に家で家事代行を頼んで支払った額が1428.35ドルと、明確な数字が出ているからです。合わせて、7399.95ドルになります。

　さて、被害者である女性は、牧師さんの配偶者で、1971年の婚姻以来、まったく外での仕事をしておらず、かつこれからもそのような意思はないと明言していました。そこで休業損害はなく、むしろ労働能力喪失（loss of earning capacity）を損害として認め

るか否かが問題となりました。第1審裁判所ではリハビリテーションの専門家が、1987年の国勢調査をもとに、38歳の高卒女性が今後65歳まで働いたとすると平均してどれだけの収入が得られる可能性があるかを証言し、45万9540ドルという数字をあげました。また、この女性が働けるのはせいぜい週20時間だと見込んで、1時間5ドルの収入を得たとして、そこからは28万ドルという数字をあげました。陪審は、これらの証言を参考にして、労働能力喪失の損害額を算定するように裁判官から指示され、3万ドルという数字を出したのです。これは、証人のあげた数字の25%以下の数字でしたが、裁判官の指示は、証人のあげた数字を最大限として考慮するようにということでしたから、これで十分とされたわけです。

　しかし、被告側は、これまで就労してもおらず、これからも就労の意思がないと、被害者の女性が証言しているのに、労働能力喪失で3万ドルを認めるのはおかしいと主張し、上訴したわけです。

　しかし、上訴された裁判所では、その主張を退けました。オレゴン州ばかりでなく、大多数のアメリカの州では、専業主婦であっても、労働能力喪失という損害を認めていると明確に述べました。

　したがって、考え方の点で、日米ともに、専業主婦であったことは裁判で認められる損害を否定することにならない点で共通しています。あえて相違を指摘すれば、アメリカでは、日本のように平成10年賃金センサス第一巻第一表・産業計・企業規模計・女子労働者・学歴計・全年齢平均賃金なるもので簡単に損害額を計算するのではなく、より具体的に証人が証言し、さらにそれを参考に陪審の裁量で判断されることでしょうか。

5　PTSD という判断

　第 1 審裁判所は、X の病状が PTSD にあたると認定し、福岡高裁は PTSD にあたらないと判断しました。その結果が、賠償額に大きな影響を与えていることは間違いありません。なお、これがアメリカであれば、PTSD であるか否かは、専門家証言を根拠として認定すべき事実問題ですから、先にも述べたように、原則として第 1 審の判断が覆ることはありません。ところが、日本の控訴審は、続審として、事実認定を続けて争うことができるわけです。

　それはともかく、第 1 審裁判所が PTSD にあたると判断したのは、次のような論理によっています（下記の記述の下線は私が付けたものです）。

　①　PTSD とは、命が危険にさらされるような体験をした人が、心に受けた強い衝撃の影響で起きる精神的な後遺症のことである。具体的な PTSD の診断基準としては、世界保健機関の ICD-10 と米国精神医学会の DSM-(4) がある。なお、PTSD は、当初は「心的外傷後ストレス障害」と翻訳されていたが、現在では「外傷後ストレス障害」と翻訳されている。

　②　原告の通院する飯塚病院心療内科の各医師は、いずれも原告を PTSD と診断している。それは、DSM-(4) の基準に基づく。患者を直接診察している主治医が下した診断であることからすれば、その判断を疑わしめるに足りる特段の事情がないかぎり、主治医の診断は尊重されるべきである。

　③　そこで、本件の X の症状と、DSM-(4) の基準とを照らし合わせると、この基準の A から F に至る細分化された基準に当てはまると考えることができるので、各医師が X を PTSD と診

断したことについてこれを否定しなければならないような事情は認められない。

④　これに対し、<u>Y は PTSD を否定する趣旨の意見書を提出</u><u>しているが、X を直接に診断したわけでもない当該意見書を作成</u><u>した医師の意見には限界がある。</u>

⑤　以上の点を総合すれば、原告の症状は PTSD であるということができ、具体的には、軽易な労務、日常生活をかろうじて送るのが精一杯な状態といえるが、障害等級 5 級の認定基準である終身極めて軽易な労働にしか服することができないとまでは認められず、障害等級 7 級 4 号（神経系統の機能又は精神に障害を残し、軽易な労務以外の労務に服することができない。）に該当すると認めるのが相当である。

　　以上を要するに、X の主治医が、米国精神医学会の基準に基づき、PTSD と診断している以上、それを覆すに足りる事情がない限り、PTSD にあたると認めることになるが、そのような事情はない、というわけです。Y から提出された意見書も、X を直接診断したわけでもない医師による意見書なので、大きな意味をもたないとされました。ただし、症状の程度としては、障害等級 5 級とまではいえず、それより軽い 7 級 4 号であるとしました。

　　これに対し、今度は、PTSD を否定した福岡高裁の判決文を見てみましょう。否定した論理は次のようなものです。

①　PTSD は米国のベトナム戦争の経験をもとに展開されてきた疾病概念であり、わが国における PTSD 研究の歴史は浅く、これに注目が集まったのは、阪神・淡路大震災以降のごく最近のことであるように、<u>その概念自体が未成熟であり、また、同基準</u>

の定める要件は主観的なものが多い。この点に関して、PTSD の認定は、担当する医師の裁量により診断が乖離することが現実に起こっているとの指摘もあり、また、損害賠償やその他の補償が二次的に関与する場合には、特に厳格に PTSD 診断を行うべきであり、この場合の PTSD の定義は、「日常生活の中では体験し得ない、例外的に著しく脅威的、破局的な性質を持ったストレスの多い出来事」と限定すべきであるとの論者もいる。

②　DSM-(4) および ICD-10 が主要な要件とするのは、〔1〕強烈な外傷体験、〔2〕再体験症状、〔3〕回避症状、〔4〕覚せい亢進症状の存否である。これを本件についてみるに、停車中の X の車両に時速 50 ないし 60 キロメートルで走行中の Y の車両がブレーキをかけることなく追突し、X の車両は 50 メートルほども押し出されて停止したというものであって、事故の態様としては軽からぬものということができるが、他方において、X が受けた衝撃は上記追突のみであり、車両が横転したり、他の車等に衝突があったわけでもない。後部バンパーからトランク部分にかけて大きく凹み、また、ドアの開閉に支障があったとしても、そこから自力で出てこられる程度だった。また、X は、本件事故の直後に自ら歩いて Y のもとに行き、大声で話しかけていた。本件事故当日に受けた診断は頭部、腹部打撲による約 2 日間の安定加療が必要であるというものであり、その数日後から入院した期間も、X および X の夫ともに 1 か月余りであって、それを超える器質的な障害も認められないことからすると、本件事故に遭遇したことが、X にとって、上記各基準が定めるほどに強烈な外傷体験と認められるかについては疑義があるものといわざるを得ない。

③　また、回避症状についても、確かに、X は、本件事故後、

自動車を運転することがなくなったものと認められるものの、症状固定前から頻繁にタクシーを利用し、夫から勧められて自動車に同乗して外出することもあったというのであり、また、Ｘは、夫に対して、毎日のように本件事故のことばかり話をしていたというのである。さらに、Ｘは、Ｙに対する憎悪の念を募らせ、Ｙに対して電話をして強迫的な発言をし、ファクシミリを送付し、年賀状を送るなどするとともに、原審の期日に顔を合わせた際に、泣いているＹの顔面に唾を吐きかけるなどしていたように、Ｘは、本件事故後、同事故と関連した思考や会話を続け、Ｙに対して、能動的にアプローチしているなど、そこに回避症状があるものと認めることはできない。

④　ちなみに、DSM-(4)のＣ要件は、外傷と関連した刺激の持続的回避と全般的反応性の麻痺と規定されているが、すでに述べたようにＸには「回避症状」があると認めることができないので、Ｃの要件を満たさない。そうすると、仮にＸに再体験症状および覚せい亢進症状が認められたとしても、Ｘの症状がPTSDに該当するものと認めることはできない。

⑤　なお、本件について、原審では鑑定は行われておらず、当審において、Ｙからの鑑定申出を採用したが、Ｘから、主治医が鑑定を受けさせることを承諾しておらず、したがって、鑑定手続を続けることは困難であるとの上申書と診断書が提出されたため、鑑定の採用決定を取消した経緯がある。そのため、本訴においては、Ｘについての鑑定結果はなく、その他の証拠によってPTSDに該当するか否かを判断せざるを得なかったものである。

いかがでしょうか。福岡高裁は、大胆にも第１審裁判所と主治医が認定したPTSDを否定する結論を導いているのですが、

そこではいくつか重要な指摘があります。

　第1に、PTSDという概念自体が新しく、基準があるといっても主観的要素が大きく、医師によって判断が分かれる場合が少なくないこと。そして、治療のための診断ではなく、本件のように損害賠償を決める要素とする場合は、「厳格に」PTSD診断をすべきであるということです。第2に、そのようにして米国医学会および世界保健機関の基準を見ると、「強烈な外傷体験」と「回避症状」などがその要点となり、本件の事故は「強烈な外傷体験」とまでいえるか（何しろ、この概念の起源はベトナム戦争の帰国兵士の戦争体験に基づく症状ですから）に疑問があり、かつXには「回避症状」があるとは見えないというわけです。さらに第3に、Yからの鑑定申出をX側で拒否し、結果的に、医師の診断としては、X側の主治医だけのものしかない状況であり、それだけではPTSDと認定できないという結論を導きました。

　アメリカの法律家が、まず疑問に思うのは、本件のようにPTSDであるか否かが重要な争点となり、それはまさに医学的判断である場合、これがアメリカであれば、両方からそれぞれ依頼した医師・専門家が、Xを診断した結果を提示し、証言するだろうということです。もちろん、健康診断その他は、人身の自由に関わるので、アメリカでも裁判所の許可を得る必要があります。しかし、裁判官は医師ではない以上、PTSDであるか否かの判断はできませんから、当然、専門家証人である専門の医師の判断を仰ぐことになります。アメリカの場合、当事者主義的な裁判ですから、中立的鑑定人ではなく、原告・被告それぞれの側で、専門家たる医師を用意して、Xを診断してもらいます。仮に、XがYの依頼した医師の診断を断った場合、それに正当な理由がなければ、公正な裁判の追行に協力しない行為であるとして、そもそも

Xの損害賠償請求自体が却下されると思われます。

　ところが、本件での第1審は、主治医の判断でPTSDとされているので、それを否定できるような事情がなければそのように認定するとし、福岡高裁は、逆に、PTSDの判断は医師でも難しいとしたうえで、中立的な鑑定人（医師）をX側が拒んだことも理由として、PTSDを否定しています。

　そのうえで、福岡高裁は、全米医学会と世界保健機関によるPTSDの基準を頼りに、結局、裁判官が（何ら医療専門家の判断によることなく）PTSDを否定します。これにはアメリカの法律家もびっくりでしょう。やはり、手続的にXがPTSDではないと証言する医療専門家をYまたは裁判所で用意して、その証言を頼りに、裁判官が判断すべき事項だと考えるはずだからです。その点では、第1審も同様であり、Xの側に立つ主治医の診断だけで、PTSDを認定するというプロセスも、大いに疑問とされるでしょう。

　もちろん裁判とは、法に従って、最終的には裁判官が結論を出すものではありますが、そのプロセスの中で、専門家証人に頼るべき場面は多々あります。何といっても裁判官はPTSDの専門家ではないのですから。もちろん専門家証人の見解が分かれた場合、いずれを信用して、PTSDであるか否かを決めるのは、結局、裁判官（アメリカでは陪審）になります。しかし、その場合も、どちらにするにせよ、専門家の証言があるわけです。事実認定者たる裁判官（あるいは陪審）が勝手に結論を出すわけではありません。

　本件の裁判での最大の争点であるPTSDの存否について、その認定のあり方には、やはりアメリカとは異なる点があるようです。

6　PTSD とアメリカ法

　PTSD が、最初に特殊な疾病としてアメリカ精神医学会（American Psychiatric Association）で認められたのは 1980 年のことだそうです。先に記したように、当初は、ベトナム戦争帰りの軍人が精神的後遺症に悩まされている事例から始まったのですが、今では、交通事故、児童虐待、強姦など、重い外的障害を経験した幅広い事例で問題とされます。なお、本件の一審判決が述べているように、日本では、PTSD は、当初「心的外傷後ストレス障害」と翻訳されていたが、現在では「心的」が削除され、「外傷後ストレス障害」いう訳で統一されているようです。この点は、実は重要ではないかと考えられます。

　さて、PTSD がアメリカ法でどのような扱いを受けているかという点ですが、1 つそれに関連して注目すべき判例を紹介しましょう（Allen v. Bloomfield Hills Sch. Dist., 760 N.W.2d 815, 816 (Mich. Ct. App. 2008)）。この事件は、列車の運転手が、踏切に入ってきたスクール・バスをよけきれず衝突したという事件で、列車のスピードは当時 100 キロ（65 マイル）、列車が止まったのは衝突現場から 800 メートル先でした。列車の運転手が急いで衝突現場へ戻ると、幸い、スクール・バスに学童は乗っておらず、バスの運転手が重傷を負っていました。その後、列車の運転手は PTSD と診断され、スクール・バスを運用する教育委員会（公的団体）を訴えたという事件です。

　問題は、アメリカ法では、政府などの公共機関を不法行為で訴えることは、本来は認められていないことです。かつては、イギリス法以来、King can do no wrong（王は悪をなさず）といわれてきたのですが、さすがに現在は、イギリスでもアメリカでも、一定の不法行為については訴えを認める法律ができています。

今回問題となるミシガン州法では、政府など公共機関による自動車事故についてその非経済的損失が生じた場合、被害者が、死亡するか、身体機能の重大な損傷、または永続的な障害を受けた場合だけ、不法行為訴訟を提起できるとされていたのです。そこで、PTSDは、法律が認めている「身体的傷害」（bodily injury）にあたるか否かが争点となり、第1審裁判所は、それにあたらないとして簡単に訴訟を却下しました。しかし、控訴裁判所では、原告が脳のPET検査を受け、2人の医師が、原告の「脳の化学作用、機能、構造に重大な変化が見られる」と証言していることを踏まえて、脳の損傷は身体的損傷である（A brain injury is a "bodily injury".）と宣言し、差戻しの判決を下しました。

　この事件では、たまたま被告が公的機関であり、アメリカでは日本のように簡単に国家賠償を求めて国の責任を問うことができないので、その例外を定める法律の解釈が問題になりました。しかしながら、通常の不法行為でも、被害者の損害が、身体的損害か、精神的損害にすぎないのかは、アメリカ法ではこれまで大きな違いを生んできました。

　アメリカ不法行為法は、伝統的に、身体的損害がなく、精神的損害だけの場合に損害賠償を認めることに消極的でした。前に、純粋に経済的損失だけしかない場合に救済を否定したeconomic loss ruleについて説明したように、身体的損害と区別される精神的損害については、救済に否定的だったのです。

　その理由は、第1に、その損害の立証が難しいこと（損害をいくらと認定するかが難しいこと）、第2に、それに関連して、それを容易に認めれば、「悪い」被害者がそれを利用して賠償額を高くふっかけることになりかねないこと、第3に、その結果、意味のない訴訟が増加して、実は重大な損害を本当に受けている被

害者を救済することの妨げになりかねないこと（裁判所という資源にも限りがありますから）などが正当化理由としてあげられてきました（たとえばHilary Rosenthal、Scanning for Justice：Using Neuroscience to Create a More Inclusive Legal System, 50.3 Columbia Human Rights Law Review 290, at 307, 2019. Available at SSRN: https://ssrn.com/abstract=3413213 という論文があります）。

　身体的損害と精神的損害を分けるこのような考え方は、二元主義（dualism）と呼ばれ、発展の著しい脳神経科学者からは厳しく批判されているそうです。別の論文によれば、「脳神経科学、心理学、精神科学からの洞察によれば、このような二元主義は、経験上も過ちであり、概念上もすでに破綻している。……人間は、精神だけに還元できる存在ではなく、身体と切り離すこともできない」（Dov Fox & Alex Stein, Dualism and Doctrine, 90 IND. L.J. 975, 975–1010（2015））とのことです。

　すなわち、近年、脳の内部が、MRIやPETなどで調べられるようになり、画像として可視化されるようになると、明らかに、従来の身体的損害のように外からは見えなくとも、今や脳の内部にある変化、あるいは「損害」を示すことができるのです。

　日本の不法行為法では、身体的損害と精神的損害の区別は、アメリカのように厳しくありませんでした。身体的損害がない事件でも、「慰謝料」請求という事案は数多くあり、しかも容易に認められてきました。本件で追突された被害者にも、福岡高裁は、入通院慰謝料190万円と後遺障害慰謝料500万円を認めています（ただし、本件では、頸椎捻挫という身体傷害が認定されているので、その点には注意が必要です。アメリカでも、身体的損害が認められる場合は、それに伴うpain and sufferingという精神的損害を含めた損害は認めてきたからです）。

ともかく、ここで指摘したいのは、PTSD を含めて、不法行為によって生じた精神的損害について、アメリカでは脳神経科学の発展を踏まえた再検討がなされているということです。いわば、伝統的な不法行為法が、脳神経科学の厳しい挑戦・批判を受けているといえます。すでに、そのような動きに対応する法律家が現れて、新しい法分野として neurolaw（脳神経科学と法）という分野ができつつあります。

　わが国において、精神的損害に対する慰謝料が容易に認められてきたのは、少なくともこのような脳神経科学の影響のためではありません。しかし、精神的損害の定量化、それをどの程度の損害額と算定するかの難しさは、日本でも同様のはずであり、さらにいえば、精神的損害だけしかないケースで慰謝料を認めれば、アメリカでおそれられているように、日本でも意味のない（社会的意義の少ない）訴訟が増加するおそれはあるといわねばなりません。

　本件の福岡高裁は、PTSD を否定しましたが、それが関係諸科学との連携に基づくかといえば、そうはいえないでしょう。公正な裁判とは何かという点で、脳神経科学の挑戦を受けるのはアメリカ法だけではありません。

7　素因による 3 割減額

　最後に、本件福岡高裁の判決を、アメリカ人の法律家が読んで注目する点として、本件損害がこれほど大きいものになったことについて、「X の個人的な素因が深く関与していることは容易に認められる」とし、「3 割をその心因的要素が寄与した部分として減額する」と述べたところがあげられます。

　日本の不法行為法では、寄与度減責とか素因による減責と呼ば

れて、被害者の素因が損害拡大に寄与していると思われる場合、その分、加害者Ｙの責任が減額されます。まさに日本の不法行為法が「公平な損害塡補」を目的としていることの証左です。

　これに対し、アメリカの不法行為法では、egg shell skull rule（卵の殻のような頭蓋骨ルール）という有名なルールがあります。これは、加害者が被害者の頭を手で殴ったとして、通常なら「痛い」という程度で済むものが、被害者の頭蓋骨が異常に柔らかくて、頭蓋骨陥没のような重傷になった場合でも、それは加害者の責任となるというルールです。たまたま被害者になった人を、あるがままに引き受ける責任が、不法行為の加害者にはあるということです。もちろん、不法行為の抑止という目的が重要だと考えられているためです。

　したがって、一般論としていえば、福岡高裁が被害者の素因を理由に３割もの賠償額を減額することには、アメリカのロー・スクールなら驚きの声があがりそうです。素因による減額を過失相殺から類推するというのも、極端にいえば、被害者の素因を過失であるとして非難しているように見えます。それが「障害」と呼ばれるほどの場合には、「障害者差別」に直結するとさえ考えるかもしれません。つまり、裁判所が法の下で「障害者」を差別していると考えられかねません。それがどのようなものであれ、被害者に何らかの素因があるのは、別に被害者を「非難する事由」、「不利益に扱う事由」になるはずがないからです。

　それでも、本件についていえば、精神的損害の要素が大きいために、単純に、アメリカではまったく別の結果になる（もっと多額になる）といえない理由になります。日本の場合、精神的損害を含めて、被害者救済のために、損害を限定せず、いったん広く認めたうえで、その後、被害者の素因その他の理由で減額して、

「公平な損害塡補」を実現するというわけでしょう。その結果、福岡高裁すら 1500 万円以上の賠償を認めており、これは私の憶測にすぎませんが、アメリカでは、これほどの金額は認められないという意味で別の結果が出たものと思われます。もちろん、アメリカの脳神経科学と法の連携が進んで、本件でも PTSD にあたると立証されれば、これよりはるかに大きな賠償が認められることもあり得ますが。

裁判が金銭賠償を求めて行われるからには、実際にどれだけの損害がどのようにして認められるかは重要な問題です。この事件では、追突された被害者が、身体的には比較的軽傷で済んだものの、精神的なダメージが大きかったとして、それが PTSD といえるものかが問題となりました。PTSD は、現在は「外傷後ストレス障害」と訳されて、わざわざ「心的」という言葉を落としています。それでも精神的な障害であることは変わらないかもしれませんが、「心理的・精神的」損害をどう認定するかは、日米ともに困難な課題です。今度は、脳科学による診断によって精神的損害を計測する時代が来るかもしれません。そうなれば、身体的損害と精神的損害という区別自体が意味をなくすこともありえます。

第4話　輸血を拒否する患者

現代の医療では倫理的にも法的にも難しい場面に直面することが少なくありません。かつては救命と治癒が医療の目的であり、誰もそれを疑いませんでした。しかし、救命されても治癒はなく、闘病が延々と続くことがよいのかなど、人工呼吸器等の医学技術の進歩によりかつては死亡していた患者が生き続けることも可能になり、本人が何を望んだか、本人の自己決定を尊重しようという方向に医療は大きく動きました。その点では、日米に変わりありません。

今回の事件は、輸血が自ら信ずる宗教に反するとして、たとえ死の危険があっても輸血を拒否する患者についての判例です。アメリカではすでにこの種の事例が数多く裁判になった時代を経ており、アメリカの学生にとって、日本でこれがどのような裁判になるのかは興味あることだと思われます。

不法行為の章の4番目の判例は、1998年の東京高裁判決です。東大医科研病院において輸血拒否の患者に実は輸血をして救命したものの、訴えられた事案です。ここでは医療過誤（medical malpractice）事例の代表として取り上げられているのですが、実際には、手術は成功しているので、通常の意味では「医療過誤」とはいえないでしょう。しかし、広い意味での「医療過誤」事案として扱われているわけです。

1992年8月、肝臓ガンの患者（女性、1929年生まれ）が、それまで入院していた立川病院で無輸血手術ができないといわれ、東

京大学医科学研究所附属病院であれば無輸血手術をしてくれる可能性があると聞いて転院しました。患者は30年来の「エホバの証人」の信者であり、広く知られているように、この宗教では輸血は受けてはならないとされています。このような事情を病院の担当医師団の責任者は知っており、「いざとなったらセルセイバー（回収式自己血輸血装置）があるから大丈夫です。本人の意思を尊重して、よく話し合いながら、きちんとやっていきます」と伝えたそうです。

　術前検討会で、医師団は、患者の腫瘍が大きく、不測の事態から大量出血に至ることがあり、基本的に輸血は行わないとしても、生命が危険な事態に備えて、あらかじめ血液を準備することを決めました。そして、患者および家族に対する手術前の説明の中で、術後再出血がある場合には医師の良心に従って治療を行う旨述べて、やむをえない場合に輸血をすることを言外に示そうとしました。患者の長男はその際に、「先生方を信頼しています。でも、本人の意思を是非尊重してもらいたいし、ご迷惑をかけたくないので受け取っていただきたい」といって、患者とその夫が連署した免責証書を手渡しました。医師団の責任者は、輸血もありうると説明すれば患者が手術を拒否すると考えて、あえて明確な説明をしなかったそうです。

　9月、手術が行われました。ところが、予想を上回る出血があり輸血が行われ、手術自体は成功しました（実際に、患者はその後5年延命しました）。輸血の事実は患者や家族には秘匿されたのですが、同じ年10月に週刊誌記者の取材申込みがあり、医師は患者に事実を知らせることにしました。患者は、輸血をしないとの約束に反した債務不履行、患者の自己決定権および信教上の良心を侵害した不法行為を理由に、慰謝料1000万円、弁護士費用

200万円の賠償を求めて訴えたというのが本件です。

　この英文教材は東京高裁の判決とそれに続く最高裁判決を取り上げています。裁判経過としては、第1審の東京地裁では、1997年3月12日、いかなる場合も輸血しないとの約束は公序良俗違反で無効、救命のための輸血は社会的正当行為であるとして患者の請求を棄却しました。しかしながら、東京高裁判決は、説明義務違反の不法行為があったと認めて、慰謝料50万円（弁護士費用分としてプラス5万円）の損害賠償を認めました（東京高裁平成10年（1998年）2月9日判決、判例時報1629号34頁）。さらに最高裁に上告されましたが、2000年に上告棄却の判決が出され、東京高裁判決通りの結論で確定しました（最高裁平成12年（2000年）2月29日判決、民集54巻2号582頁）。

●アメリカ人にとっての驚き●

　いったい、この事件のどういうところがアメリカ人にはおもしろいのでしょうか。「えーっ」という驚きの部分はどこにあるのでしょうか。

1　アメリカでも同様の事案あり

　「エホバの証人」は19世紀後半にアメリカで生まれた宗教ですから、当然、アメリカでも輸血拒否が大きな問題となってきました。しかも、それが少なからぬケースで裁判になっています。したがって、この事案が、英文教材で取り上げられたのは、日本にユニークな問題だからではなく、アメリカと共通の問題が裁判で争われているからです。

　ただ、アメリカでは、東京高裁判決の1998年を考えると、その10年ないし20年前には、すでに裁判上、法律上の決着がつ

いており、たとえ死という結果を招いたとしても、患者には輸血を拒否する自己決定権があるとされていました。

　アメリカでこの当時残されていた問題は、子どもの手術の場面であり、親が「エホバの証人」の信者であり、医師が説得しても、子どもへの輸血に応じない（つまり、インフォームド・コンセントを拒否する）ケースでした。それは裁判に持ち込まれ、アメリカでは、子どもについては、本人の自己決定といえない以上、救命の利益が優先するとして裁判所が輸血を命じました（かつて1988年に出した『親子と法――日米比較の試み』（弘文堂）でも紹介したことがあります）。

　一例を、1991年のニューヨーク・タイムズの記事に見てみましょう（Court says ill child's interests outweigh religion, New York Times, Jan. 16, 1991, Section A, Page 18）。この記事によれば、マサチューセッツ州最高裁で、「エホバの証人」による輸血拒否が２件問題になり、一方は、患者が８歳の白血病の少女、他方は、38歳の出血性潰瘍の女性でした。この２件について、州最高裁は、子どもについては輸血の強制を認め、成人患者については、輸血を含めて治療拒否権があると明言しました（後者の部分は、初めての宣言ではなく、すでに諸州でいくつもの先例がありました）。

　日本の判決は、成人の場合についてのものであり、最高裁は初めて次のように述べました。「患者が、輸血を受けることは自己の宗教上の信念に反するとして、輸血を伴う医療行為を拒否するとの明確な意思を有している場合、このような意思決定をする権利は、人格権の一内容として尊重されなければならない。……（本件では、医師は輸血の可能性があることを隠して不十分な説明をしたことにより）輸血を伴う可能性のあった本件手術を受けるか否かについて意思決定をする権利を奪ったものといわざるを得ず、

この点において同人の人格権を侵害したものとして、同人がこれによって被った精神的苦痛を慰謝すべき責任を負うものというべきである」。

　子どもの場合どうなるかは、日本法では残された課題の１つです。それ以上に、この時点で見逃してはならない相違点があります。それは、アメリカの輸血拒否をめぐる裁判は、ほとんどの場合、輸血を伴う手術の可能性がある場合に、「エホバの証人」が拒否し、それでは手術はできないとして、医療側が手術の前に裁判所に訴え、いわば公権力によって輸血を強制してもらうという形をとっていたことです。日本の裁判は、実際に輸血を伴う手術が行われ、それが後でわかって裁判になっているわけです。

　日本では裁判所の出番が遅い、と思いませんか。宗教的な問題と世俗の裁判との関係は難しい課題ですが、アメリカの裁判所は、成人の場合は患者の自己決定権、子どもの場合は救命という判断を事前にしてくれるのです。たとえば、子どもが患者である場合、「エホバの証人」である親も、子どもが死んでもかまわないとは思っていません。宗教的信条と、親としての心情との間で、悩んでいるはずです。そこに世俗的権力である裁判所が介入し、手術を強制するというわけですから、「エホバの証人」の中には、「裁判所の命令があるので、自分たちにはどうしようもなかった。しかし、子どもは助かった」と感ずる人もいるでしょう。裁判所が、どうしようもないジレンマに立つ人のために、重要なリーガル・サービスをしているともいえます。そして、それが重要なリーガル・サービスであるためには、「事前の」判断をしてくれることが必要です。

　わが国の裁判は、もちろん事前の差し止めが争われるケースもあるのですが、圧倒的大多数は、事件が起きた後の後始末的判断

になっていると思われます。それは、本件でも同様です。

2　本件の争い方──契約と合意へのこだわり

　本件で気づくのは、東京高裁の判決が、医師と患者の間で、無輸血手術の契約が結ばれたのか否かを詳細に論じていることです。本件の訴えの請求原因は、第1に債務不履行（無輸血手術の合意の契約違反）であり、第2に、不法行為（説明義務違反）ですから、仕方がないともいえるのですが、この英文教材が不法行為の章でこの判例を扱っていることが示しているように、アメリカ的には、これは不法行為だけを問題とすれば済む事件であり、通常は契約の事件とはされません（そもそも医療過誤訴訟はアメリカでは不法行為事件とされるのですが、日本では、診療契約違反＝債務不履行、と不法行為の二本立てで訴訟を提起するのが普通です。ここでも、日本の契約が、アメリカよりも広い範囲で適用される観念であることがわかります）。

　さて、東京高裁は、「無輸血特約」について、次のように判断し、絶対的無輸血の合意はなかったという結論を導きました。少し長い引用になりますが、裁判所が、合意や契約について熱心に議論しているところを理解するために、お付き合いください。

　①　患者（以下、X）は、口頭により絶対的無輸血を求める旨の意思を表示していることは認められるが、文書上はその意思は明確でない。また、医師ら（以下、Y）は、口頭によっても、文書によってもXの求めに応ずる旨の意思を表示しているとは認められないが、できる限り輸血をしない旨の意思表示はしていることが認められる。したがって、絶対的無輸血の合意が成立していると認めることはできない（手術に当たりできる限り輸血をしな

不法行為の章

138

いこととする限度での合意成立の効果は認めるべきである。）。

②　これまでの症例報告等によれば、エホバの証人である患者は、多くが絶対的無輸血の意思を表明しているが、家族などの説得により、輸血の承諾をした事例もあり、手術に当たりできる限り輸血をしないこととするが、輸血以外に救命手段がない事態になった場合には輸血をすること（以下、「相対的無輸血」という。）を承諾した事例もあり、また、患者本人は絶対的無輸血の意思を表明したが、その家族は生命の危機に瀕する事態に陥ったときに相談させてほしいとの意思を表明した事例もあり、さらに、患者本人は相対的無輸血を承諾したが、妻が反対した事例もある。

以上のとおり、エホバの証人患者の輸血について採る態度はさまざまであるところ、絶対的無輸血は、生命の維持よりも輸血をしないことに優越的な価値を認めるものであるのに対し、相対的無輸血は、輸血をしないことよりも生命の維持に優越的な価値を認めるものであって、同じ無輸血といっても、この両者の間には質的に大きな違いがある。

③　Xが医科研で最初に受診した際、Yに対し、Xは、輸血に関する発言はしなかったが、Xの長男が「母は30年間エホバの証人をしていて、輸血をすることはできません。」と言った。これに対し、Yは、「（腫瘍は）大きいですけど、心配いりません。ちゃんと治療できます。」「いざとなったらセルセイバー（回収式自己血輸血装置）があるから大丈夫です。本人の意思を尊重して、よく話し合いながら、きちんとやっていきます。」と言っているが、「輸血以外に救命手段がない事態になっても輸血はしない。」旨を明言してはおらず、将来の話合いの余地を残していて、絶対的無輸血の治療方針を採る旨を表明してはいない。

④　Xが医科研に入院中の平成4年9月7日には、Xは、医師

団の1人に対し、「死んでも輸血をしてもらいたくない。そういう内容の書面を書いて出します。」と言っているが、これは、絶対的無輸血の意思を口頭で表明したものである。この意思表明は、主治医に対するものであるから、被控訴人国の履行補助者に対して絶対的無輸血による手術を求める旨の意思表示（申込み）であるといえる。

これに対し、主治医は、「そういう書面をもらってもしょうがないです。」と言っているが、これは、右申込みを承諾したものではないことは明らかである。

⑤　手術説明会の同月14日には、Yは、大きな手術となり出血があることなどを説明するとともに、「術後再出血がある場合には、再び手術が必要になる。この場合は医師の良心に従って治療を行う。」と説明しているが、Yの内心の意図はともかくとして、右説明は、相対的無輸血の治療方針を表明するものではない（およそ輸血について言及したものと認めることはできない。）。

Xの長男は、その際、Yに対してX作成の免責証書を交付している。右免責証書の記載文言は、輸血拒否の意思を表明してはいるが、他の例と表現を異にし、死の結果をも受入れる旨の絶対的無輸血の意思を明確にしているとは解されないおそれがある（「どんな損傷」という表現が用いられているが、「傷」という語感からは死の結果をも許容する趣旨かどうか疑いの生ずる余地がある。）。

⑥　認定事実によると、Yらが絶対的無輸血の治療方針を採用せず、相対的無輸血の治療方針を採用していたことは明らかである。また、医療の専門性に鑑み、医師はその専門知識及び能力に基づきその良心に従って医療内容を決定すべきであり、患者による治療内容に対する注文は、通常は単なる希望の表明に過ぎず、原則としては、医師が明示に承諾した場合でなければ、そのよう

な医師の治療方針と抵触する合意が成立したと認めるべきものではない（後記の説明義務違反の問題が生ずることや手術の施行自体について患者の同意が必要なことは別論である。）。結局、Ｙらが絶対的無輸血につき承諾したものということはできず、手術に当たりできる限り輸血しないこととする限度でのみ合意成立の効果を認めるべきである。

　以上のように述べて、東京高裁は、本件において絶対的無輸血の合意が成立したとは認められないが、相対的無輸血の合意はあった（相対的無輸血の限度で合意成立の効果を認めるべきだ）と認定しました。そのうえで、仮に絶対的無輸血の合意が成立していたとしたら、その効力はどうかについて、論じています。これは東京地裁の第１審が、「いかなる場合も輸血しないとの約束は公序良俗違反で無効」と判断していたので、それを覆すためですが、実際には絶対的無輸血の合意はなかったと認定しているのですから、あえていえば不要な議論です（判決の中で、このような部分は、傍論と呼ばれます）。しかし、この傍論部分で、東京高裁は、絶対的無輸血の合意があったとしても、それは公序良俗に反するものではないと明言しました。

　①　絶対的無輸血の合意について、当裁判所は、当事者双方が熟慮した上で右合意が成立している場合には、これを公序良俗に反して無効とする必要はないと考える。すなわち、人が信念に基づいて生命を賭しても守るべき価値を認め、その信念に従って行動すること（このような行動は、社会的に優越的な宗教的教義に反する科学的見解を発表すること、未知の世界を求めて冒険をすること、食糧事情の悪い状況下で食糧管理法を遵守することなど枚挙にいとま

がない。）は、それが他者の権利や公共の利益ないし秩序を侵害しない限り、違法となるものではなく、他の者がこの行動を是認してこれに関与することも、同様の限定条件の下で、違法となるものではない。

②　ところで、エホバの証人の信者がその信仰に基づいて生命の維持よりも輸血をしないことに優越的な価値を認めて絶対的無輸血の態度を採ること及び医師がこれを是認して絶対的無輸血の条件下で手術を実施することは、それが他者の権利を侵害するものでないことが明らかである。

③　さらに、輸血にはウィルスの感染等の副作用があることは公知の事実であるし、Ｘが医科研を初めて受診した平成４年７月28日までに絶対的無輸血の条件下で実施された手術例が多数あり、この中には相当数の死亡例もありながら、死亡例について医師が実際に刑事訴追された事例がなかったこと、同元年には、輸血療法の環境の変化に対応して、厚生省健康政策局長が輸血療法の適正化に関するガイドラインを定め、これを各都道府県知事あてに通知しているが、その一項目として、「輸血療法を行う際には、患者またはその家族に理解しやすい言葉でよく説明し、同意を得た上でその旨を診療録に記録しておく。」ことが挙げられていること、同２年中には日本医師会の生命倫理懇談会が絶対的無輸血の条件下での手術の実施をやむを得ないことではあるが肯定する旨の見解を発表していること、同２年からＸの右受診前までの間に北信総合病院、国立循環器センター、聖隷浜松病院、京都大学医学部附属病院、上尾甦生病院及び鹿児島大学医学部付属病院などが絶対的無輸血の条件下での手術を是認する見解を発表しており、これを報道する新聞も、その見解に否定的な評価を示してはいないこと、Ｘの受診時点までに、法律学の領域におい

ても、医療における患者の自己決定権、インフォームド・コンセント、クォリティ・オブ・ライフなどの問題につき患者の意思決定を尊重する見解が多数発表されていたことなどに照らすと、Xの受診時点では、絶対的無輸血の条件下で手術を実施することも、公共の利益ないし秩序を侵害しないものと評価される状況に至っていたものと認められる。

　④　ただし、これは医師に患者による絶対的無輸血治療の申入れその他の医療内容の注文に応ずべき義務を認めるものでないことはいうまでもない。絶対的無輸血治療に応ずるかどうかは、専ら医師の倫理観、生死観による。後記説明義務を負うことは格別として、医師はその良心に従って治療をすべきであり、患者が医師に対してその良心に反する治療方法を採ることを強制することはできない。もっとも、その良心に従ったところが医師に当然要求される注意義務に反するときは、責任を免れないことはもちろんである。

　いかがでしょうか。東京高裁が、医師と患者の間で、絶対的無輸血の手術の合意はなかったものの、相対的無輸血の限度で合意があったと認定し、さらに仮に絶対的無輸血の合意があったとすれば、それは有効な合意であって、公序良俗に反しないことを、きわめて熱心かつ詳細に論じていることがわかります。

　おそらく日本の法律家にとっては、違和感がないのでしょう。しかし、アメリカの法律家なら、なぜこれほど合意にこだわるのか疑問に思うかもしれません。このような問題を契約法で処理しようとする点に、「えー？」という驚きを感ずるでしょう。1つ簡単な例をいえば、本件で相対的無輸血の限度で合意の効果を認めるべきだとする裁判所の認定は、どう考えてもXが受け入れ

られないことだと思うのです。それが受け入れられるなら、そもそも裁判を起こしません。当事者であるＸが想定もしないような「合意」を勝手に認定すること自体、アメリカ人には理解しにくいはずです。そもそもそのような合意があるのに、Ｘが訴えたとすれば、Ｘの訴え自体が債務不履行（契約違反）となり、Ｙから逆に訴えられることにもなりかねません。

　実は、私は、東京高裁判決が出された時点で、「法学教室」という雑誌にコメントを載せる機会を得ました（法学教室215号108頁）。そのうち、この点に関する部分を引用します。

　「《曖昧さと契約》本判決は、医師と患者（およびその家族）とのやりとりを引用しながら、両者の間の「合意」がいかに曖昧なものであったかを明らかにしている。その上で２度にわたって、説明内容や自己決定の具体的内容につき書面による明確化をはかることが適当だと述べる。果たしてこれが法律論として必要な議論なのかは問題とする余地があるが、曖昧さが患者に不利に働く以上、何らかの形で明確さを求めることは重要である。

　しかし、明確さは合意や契約によらず、明確な説明義務を課すことによっても達成しうる。本判決においても合意や契約へのこだわりが見られる。仮に、本件で、絶対的無輸血手術の合意がいったん形成されたとしよう。だが、説明義務を別として、『医師はその良心に従って治療をすべきである』ることは判決自体が認めるとおりである。したがって、合意の翌日に、医師が再考した結果やはり絶対的無輸血という条件では手術ができないと言ったとしても、それが契約違反となり、損害賠償責任を引き起こすとは考えられない。逆に、患者の側で翻意しても、それで契約違反になるものでもない。唯一、契約上の効力が問題となるのは、絶対

的無輸血手術の結果に対し患者が医師を免責する合意の部分であるが、それを除けば、要するに、このような合意は、法律上拘束力のない合意（契約）なのである。したがって、絶対的無輸血手術の合意は公序良俗に反するかという問題設定自体意味のないものだと考えられる。真の問題は、第1に、医師が絶対的無輸血手術を行うことがそれ自体医師の注意義務違反となるか否か、第2に、医師が患者の希望と異なる治療方針をとろうとするのであればその説明義務を負うか否かである。これらの義務は、両者の合意から発生するのではなく、そもそも医師に課される法的義務の存否・内容が問題にされていると考えるべきである」。

　アメリカで、この種の事件が不法行為事件として扱われることが、少しは納得できたでしょうか。ともかく、日本の裁判所が、アメリカ人から見れば異常なほどに「合意」や「契約」にこだわっていることが注目されます。繰り返し申しますが、相対的無輸血の限度で合意の効果があると認定しているなら、実際に行われた輸血を含む手術は、まさに相対的無輸血の手術だったわけですから、それが法律上問題になるわけがないのです。この後、説明義務違反の争点を論じますが、説明が不十分ならそれは本当の合意とはいえません。しかも、仮に本当の合意があったとしても、裁判所でそれを強制することはできません。医師も患者も、それを考え直せば、撤回することも自由にできるような合意なのです。それを契約法で処理すること自体がおかしいのです。それにもかかわらず、合意について、裁判所がこれほど丁寧に論ずる意味がわからないのです。

3 説明義務違反

さて、東京高裁は、債務不履行（契約違反）という請求原因については、絶対的無輸血の特約が結ばれたとはいえないとしてXの請求を退けました。そこで、次の問題は、説明義務違反という不法行為の存否になります。

結論として、東京高裁は、説明義務違反を認め、Xに慰謝料として55万円の損害賠償を認めました。この判決部分について、少し丁寧に見てみましょう（以下、下線は私が付けました）。

①　Xの主張は、Yが、輸血以外に救命手段がない事態になった場合には輸血する治療方針、すなわち、相対的無輸血の治療方針を採用していたことをXに説明する義務を負っていたにもかかわらず、それをせず本件手術を受けさせ、本件輸血をし、それによってXの自己決定権及び信教上の良心を侵害した、というものである。

②　まず、Yに、このような説明義務があるか否かを判断する。本件のような手術を行うについては、<u>患者の同意が必要であり、医師がその同意を得るについては、患者がその判断をする上で必要な情報を開示して患者に説明すべきものである</u>。もちろん、これは一般論であり、緊急患者のような場合には、推定的同意の法理によるべきであるし、その説明の内容は、具体的な患者に則し、医師の資格をもつ者に一般的に要求される注意義務を基準として判断されるべきものである。

この同意は、各個人が有する自己の人生のあり方（ライフスタイル）は自らが決定することができるという自己決定権に由来するものである。Yは自己の生命の喪失につながるような自己決定権は認められないと主張するが、当裁判所は、特段の事情がある

場合は格別として（自殺をしようとする者がその意思を貫徹するために治療拒否をしても、医師はこれに拘束されず、また交通事故等の救急治療の必要のある場合すなわち転医すれば救命の余地のないような場合には、医師の治療方針が優先される。）、一般的にこのような主張に与することはできない。すなわち、人はいずれは死すべきものであり、その死に至るまでの生きざまは自ら決定できるといわなければならない（例えばいわゆる尊厳死を選択する自由は認められるべきである。）。

③　本件は、後腹膜に発生して肝右葉に浸潤していた悪性腫瘍（手術前の診断は、肝原発の血管性腫瘍、肝細胞癌、悪性後腹膜腫瘍等の疑い）であり、その手術をしたからといって必ずしも治癒が望めるというものではなかった（これは、現に裁判継続中にXが死亡したことによっても、裏付けることができる）。この事情を勘案すると、Xが相対的無輸血の条件下でなお手術を受けるかどうかの選択権は尊重されなければならなかった。

④　なお、患者の自己決定は、医師から相当の説明がされている限り、医師の判断に委ねるというものでよいことはいうまでもなく、また、医学的知識の乏しい患者としては、そういう決定をすることが通例と考えられる。そして、相当の説明に基づき自己決定権を行使した患者は、その結果を自己の責任として甘受すべきであり、これを医師の責任に転嫁することは許されない（説明及び自己決定の具体的内容について、明確に書面化する一般的な慣行が生まれることが望ましい。）。

⑤　輸血についての同意は、手術の同意に含まれる場合もあるが、本件では事情が異なる。Xは、エホバの証人の信者であり、エホバの証人患者は、その宗教的教義に基づいて輸血を拒否することが一般的であるが、輸血拒否の態度に個人差がある。医師は、

エホバの証人患者に対して輸血が予測される手術をするに先立ち、同患者が判断能力を有する成人であるときには、輸血拒否の意思の具体的内容を確認するとともに、医師の無輸血についての治療方針を説明することが必要であると解される。

⑥　主治医は、一応相対的無輸血の方針を説明していると認められるが、Ｘがこれに納得せず、絶対的無輸血に固執していることを認識した以上、そのことを他の担当医師特に責任者であるＹに告げ、担当医師団としての治療方針を統一すべき義務を負い、その内容がＸの固執しているところと一致しなければ、Ｘに説明してなお医科研における入院治療を継続するか否か特に本件手術を受けるかどうかの選択の機会を与えるべきであった。そして、担当医師団の方針として相対的無輸血の説明をすべきであった。以上のように、本件では、相対的無輸血の説明をする義務があり、Ｙはそれに違反した。つまり説明義務違反があった。

⑦　説明義務違反の結果

Ｙが、Ｘに対し、相対的無輸血の治療方針を採用していることを説明しなかったことにより、Ｘは、絶対的無輸血の意思を維持して医科研での診療を受けないこととするのか、あるいは絶対的無輸血の意思を放棄して医科研での診療を受けることとするかの選択の機会（自己決定権行使の機会）を奪われ、その権利を侵害された。

Ｘは、Ｙから右説明を受けていれば、医科研での診療を受けないこととする（本件手術についても同意しない）選択をしたものと認められる。したがって、Ｙの説明義務違反の結果、Ｘは本件手術を受け、本件輸血を受けたこととなる。

⑧　Ｙは、本件輸血は社会的に相当な行為又は緊急事務管理として違法性が阻却されると主張する。すなわち、Ｙは、Ｘが輸血

以外に救命手段がない事態になっていたので、本件輸血は、人命尊重の観点から、また、医師にとっての職業倫理上の責任、刑事上の責任を回避するという観点からも、社会的に相当な行為又は緊急事務管理行為というべきである旨主張する。

　しかし、本件は、前判示のとおり救命ないし延命を至上命題とすべき事案ではなく、……本件輸血がXの救命のために必要であったことをもってYが前記説明を怠ったことの違法性が阻却されることはない。そして、この違法性が阻却されない以上、前記説明を怠ったことによって発生した本件輸血の違法性も阻却されることはない（仮に、本件輸血がXの救命のために必要であったことをもって本件輸血の違法性が阻却されるものとすれば、Yは、Xの意思にかかわらず、また、前記説明をするとしないとにかかわらず、およそ本件輸血は違法でないこととなるが、このような考え方は、前判示のとおり、救命のためという口実さえあれば医師の判断を優先することにより、患者の自己決定権をその限りで否定することとなるから、採用できない。）。

　このように判決文は、長文かつ丁寧に論じていますが、簡単にいえば、東京高裁は、もしもの場合には輸血する可能性があるとの説明義務が医師にあったこと、それに反したことは不法行為だと判断したわけです。そして、それが救命を目的とする行為であったとしても、「人はいずれは死すべきものであり、その死に至るまでの生きざまは自ら決定できるといわなければならない（例えばいわゆる尊厳死を選択する自由は認められるべきである。）」と明言し、患者の自己決定権（最高裁の言葉では人格権）を優先すべきだとしました。

　なお、1998年の時点で、尊厳死を選択する自由、つまり延命

第
4
話
　
輸
血
を
拒
否
す
る
患
者

149

治療を拒否する権利を認めるべきだと（この部分は傍論になるのですが）述べている点も注目されます。というのは、この後も、医療界は延命治療を中止した場合に嘱託殺人になる「おそれがある」と怯え、実際、その後も、いくつもの事例で捜査介入が行われたからです（2007年に、厚労省が、いわゆる終末期医療ガイドラインを公表してから、この種の事例で捜査が入ることはなくなりました。この問題は「日本の終末期医療と法──2018年における報告」『日本とブラジルからみた比較法』（二宮正人先生古稀記念論文集）179頁（信山社・2019）で記述しました）。

4 慰謝料50万円の意義──本件の損害

東京高裁判決は、損害賠償として50万円を認めました。次のように述べています。まず、患者は「医療における自己決定権及び信教上の良心を侵害され、これにより被った精神的苦痛は、大きいものがあったと認められる」。つまり精神的苦痛は大きく慰謝料の賠償を認めるべきであるというわけです。Xの請求額が1000万円だったことを思い出してください。ところが、認められた額は50万円でした。

その理由は、①損害が純粋に精神的なものにとどまること、②医師は最大限の治療に努力したこと、③延命5年が可能になったこと、④当時、絶対的無輸血か相対的無輸血かにつき確定的な見解があったといえないこと、⑤わが国のインフォームド・コンセントの観念はなお流動的な形成途上にあり、医師の行為は善意に基づくこと等を配慮すると、慰謝料は50万円（弁護士費用分としてプラス5万円）とするのが相当である、というわけです。

これをアメリカ人の法律家が見れば、少なくとも2つの反応が起こるでしょう。

第1に、本件の損害が純粋に精神的なものにとどまるとすると、これがアメリカの事件であれば、損害はなしとして、請求棄却で終わるのではないかということです。実際、損害として何があるかといえば、東京高裁が述べるように、「Xは、絶対的無輸血の意思を維持して医科研での診療を受けないこととするのか、あるいは絶対的無輸血の意思を放棄して医科研での診療を受けることとするかの選択の機会（自己決定権行使の機会）を奪われ、その権利を侵害された」ということです。では、選択の機会が実際に与えられたらどうなったかといえば、他の病院で無輸血の手術をしてくれるところを探して、そこで無輸血の手術を受けることになった可能性があります。しかし、その結果は、おそらく死亡してしまったでしょう。

　そうすると、選択の機会があったとしても、一方では死亡、他方では存命という結果の違いが残り、その状況での損害とは何かが問題となります。アメリカでは、自己決定権の侵害で損害賠償が認められるのは、たとえば、十分な説明がないために、より危険な手術を選んでしまい、その結果死亡した、逆にいえば、十分な説明があればより安全な治療法を選択して存命できたという場合なら、それはまさに実質的損害があって、賠償責任が認められます。そうではなく、選択の機会があったとしても同様の結果になったとされると、実質的な損害はないので勝訴はできません。単に、自己決定の機会が奪われただけでは、損害の立証がなされたことにならず、原告は勝てないのです（実際に、インフォームド・コンセント違反だけで勝訴した裁判は、皆無といってよいはずです）。ところが、日本では、選択の機会が奪われたというだけで抽象的に損害（精神的損害）を観念し、裁判で勝訴できるのです。これは、アメリカの法律家にとって驚きです。

アメリカでは、インフォームド・コンセントの問題は、法律上、損害賠償を認めるか認めないかの問題ではなく、むしろ医療倫理の問題としてとらえられています。裁判に訴えられて損害賠償をとられるからではなく、患者の自己決定を尊重するのが医療倫理であると医療者の世界で考えられるようになっていることの方が、アメリカでは重要です。これは、何でもアメリカでは裁判で解決する訴訟社会だと考えている多くの日本人にとって驚きかもしれませんが。

　第2に、慰謝料50万円では、実際に輸血の強行を抑止できないのではないかとアメリカの法律家なら思うでしょう。私自身が、先に引用した法学教室で次のように書きました。

　「《損害と訴訟の目的》本判決は、『医療における自己決定権及び信教上の良心』が侵害されて患者は大きな精神的苦痛を被ったとしながら、いくつかの事情を斟酌して損害賠償を50万円（弁護士費用5万円）にとどめた。自己決定権の侵害による損害は何か、その損害をいかにして評価するかは難問である。
　斟酌された事情のうち、損害が純粋に精神的なものにとどまることと、延命5年が可能になったことは、患者側の事情である（前者は損害の内容、後者はいわば損益相殺的事情）。これに対し、医師の最大限の治療努力や善意、当時、絶対的無輸血か相対的無輸血かにつき確定的な見解があったといえないこと、わが国のインフォームド・コンセントの未確立などは、医師の側の事情である。被害者に賠償すべき損害が何らかの形で観念された後で、医師の側の事情をあらためて斟酌することの当否、さらに自己決定権の侵害について、侵害による利益を観念して損益相殺を適用す

ることの是非は、いずれも問題となりうる。

　だが、ここでは視点を変えて、本件訴訟を提起した患者の意図を忖度してみたい。おそらくその目的は金銭ではない。医科研の付属病院で（さらにおよそあらゆる病院で）、今後同じようなことの再発を防止したい（その意味は、自己決定の機会を今後は保障することと、真の希望としては、さらに患者の意思を尊重して絶対的無輸血の方針を採ってもらいたい）ということだと思われる。医師がその良心に従って治療すべきである以上、裁判所が絶対的無輸血の方針を採るよう命ずることはできない。そうだとすれば、患者は、次善の策として、説明義務の今後の履行を命ずる救済があるならそのような救済を裁判所に求めたはずである。言い換えれば、自己決定権侵害に対する損害賠償は、今後説明義務の履行を促すような金額であってしかるべきである」。

　要するに、50万円支払えば、正確に説明しないで輸血を強行してよいといっているようにも読めるのです。アメリカであれば、本件のような場合、医師側は、事前に裁判所に訴えて、「輸血を避ける最大の努力をするが、実際に、輸血しなければ救命できない事態に陥った場合はやむをえず輸血すること」の許可をもらうでしょう。しかし、アメリカの場合、先に述べたように、成人の自己決定権が尊重されますから、裁判所は、輸血をしてはならないという決定を出します。そのうえで、医師が輸血を強行しようとすれば、（日本では信じられないでしょうが）それはもはや私人間の問題ではなく、裁判所の命令に反することになるので「裁判所侮辱」（contempt of court）となり、そのような医師は場合によっては刑務所に入れられます（そして、輸血を強行しないと約束しない限り、刑務所から出られません）。実際には、医師の方で、裁

判所の命令があるものの自分は医師の良心として、絶対的無輸血という条件では手術できないと患者に説明し、患者は、他の病院を探すか、そうではなく仕方なくこの医師に手術を委ねるかを決めることになります。そういう仕方で、選択の機会が保障されます。

　仮に、医師が裁判所の判決を無視して輸血を強行してしまった場合はどうなるかといえば、今度は、刑務所に入れても、すでに手術は終わっていますから、意味はありません。その場合には、Xの訴えについて、裁判所の命令を故意に無視し、本当はXが同意していない手術を強行した（これはおそらく故意の不法行為になります）とされて、損害は名目的損害（たとえば1ドル）ですが、それに懲罰賠償が加わるでしょう。それは懲罰と呼べるようなものですから、少なくとも50万円程度では済みません。

　そういう意味で、アメリカの法律家からすると、50万円の慰謝料は、一方で本件手術が自己決定の侵害や人格権の侵害であると断言する日本の裁判所の立派な言明と比べて、きわめて中途半端で曖昧な結果に見えるはずです。

　さらに繰り返しになりますが、本件のように、結局、日本の裁判所での争いは事後的な判断をしているだけなので、なぜ事前のリーガル・サービスとして、裁判所を利用するという話にならないのか、不思議に思うでしょう。実際、本件でも、手術の前に一定の時間はあったわけですから、事前に、医師側かあるいは患者側が、裁判所に訴えるということがアメリカならありうるが、日本ではどちらの当事者もそのような発想になるとは思えないこと、それが本件をめぐる最大の相違点かもしれません。

日本の輸血拒否事件の判決は、日本法の特色をいくつか示してくれます。医師と患者の間でどのような合意があったのかについて、きわめて熱心に議論していることと合意へのこだわり、さらに一方で患者の自己決定権を尊重すべきだといいながら、それを尊重せず意図的に説明しなかった事案で、わずか50万円の賠償しか認めなかったこと、そもそももっと早期にルールを明確にして悩める医師や患者への指針とするような手続をとれないこと等々。

　もちろん、どんなルールが出ても、医師には医師の良心があり、自らの信条に反するような手術を強制することはできません。しかし、医療倫理のあり方も時代によって変わるものであり、本当に、患者の自己決定権を尊重しようというのであれば、より迅速にこのような問題を解決するための手続を含めて、指導的な先例となるような判決が出せなかったものかと思います。

　アメリカでは、輸血拒否の事案はもはや裁判になることは少なく、医療現場で、倫理委員会等で解決しているとのことであり、ルールと手続を明確にすることは大事なリーガル・サービスでしょう。

第5話　医療過誤訴訟に関する3つの論文
──そのうちの2つ

> 　日本でも医療過誤訴訟は大きな課題です。わが国の裁判所は、医療集中部という専門部門を作って、医療過誤訴訟の増加に対し、迅速で専門的な対応をしてきました。またわが国の最高裁は21世紀当初、医療過誤訴訟事件でいくつかの判例を出しました。それらは医療過誤訴訟というより、不法行為法の一般理論に大きな影響を与えるものとして法律家は注目しています。
> 　ここでは、アメリカで日本法に関心を持ち続けてきた学者の論文を読んでみます。

　英文教材では、日本の医療過誤訴訟について、通常の医療過誤訴訟の判例にふれることはなく、3人の日本法研究者の関係論文の抄録を掲載しています。

　最初が、ペンシルバニア大学ロー・スクールのエリック・フェルドマン（Eric A. Feldman）教授による「日本における法と社会と医療過誤訴訟」と題する論文の抜粋です（David Engel & Michael McCann eds, Fault Lines: Tort Law as Cultural Practice (Stanford Univ. Press 2009) に収録されたものです）。彼は、一貫して、医事法分野について比較法的な研究をしてきた人で、その中で日本も重要な研究対象でした。たとえば、血液製剤がもとでエイズに罹患させられる現象は、日本だけでなく、アメリカでもフランスでも起きたことだとして、その3国でどのような法的対

処がなされたかを比較した論文があります（Blood Justice: Courts, Conflict, and Compensation in Japan, France, and the United States, 34 Law & Society Review 651（2000））。彼の結論では、意外なことにアメリカ以上に、被害者救済についてフランス法や日本法と裁判所の役割が大きかったと、アメリカの読者向けに啓発しています。

　2人目は、私の30年来の友人でもあるロバート・レフラー（Robert B. Leflar）アーカンソー大学ロー・スクール教授の「日本における医療過誤の規制」と題する論文からの抜粋です（467 Clinical Orthopaedics & Rel. Res. 443（2009））。なおこの論文が掲載されているのは臨床整形外科学の雑誌ですから、アメリカでは、狭い学問領域を越えて法律に関する論文が掲載されることを示す例かもしれません。

　レフラー氏は、40年近く、医療安全・医療過誤の問題について日米を比較してきた研究者で、日本語で『日本の医療と法──インフォームドコンセント・ルネッサンス』（長澤道行訳・勁草書房・2002）という本も書いています。日本語ももちろん私より上手なほどです。

　3人目は、この英文教材の編者の1人でもあるマーク・ラムザイヤー（J. Mark Ramseyer）ハーバード大学ロー・スクール教授です。すでに『法と経済学──日本法の経済分析』（弘文堂・1990）という日本語で書かれた本でサントリー学芸賞を受賞していることはよく知られているかもしれません。

●アメリカ人にとっての驚き●

　いったい、この3人の日本法研究者は、医療過誤について何を記述し、アメリカのロー・スクールの学生に何を伝えようとし

ているのでしょうか。そこに「えーっ」という驚きの部分はあるのでしょうか。ここでは最初の2本の論文要旨を紹介しましょう。

1 フェルドマン教授の論文

　フェルドマン教授の論文の前提には、日本では裁判に訴えることが少ないという伝統的な日本理解があります。ところが、と彼は続けます。この10年くらいの間（これは出版の時期を考えると、1990年代からの10年くらいを指します）、医療過誤訴訟は爆発的に増えているのです。その数は、1970年に102件だったものが2003年には1003件になっており、ほぼ10倍にもなっています。1992年と2002年を比べると、前者は371件、後者は906件でほぼ2.5倍です。いったいこれはどのようにして説明できるかと、フェルドマン教授は問題提起します。

　この論文では、訴訟提起に関する構造的な要因と、社会的・文化的背景の変化の両方が影響しているとします。

　第1に、これまで日本において訴訟に訴えることを阻んできた構造的な要因として、次のようなものがあげられます。

　① 日本の医療過誤訴訟は、アメリカと同様に、通常の不法行為訴訟と同じく、被害者に立証責任があり、注意義務、義務の違反、それと因果関係のある損害というすべての要件を原告側で立証しなければならない。この原理原則は、それ自体、被害者が訴える道を狭める。中でも、このような専門家（医療従事者）の過失を問う場合、注意義務の基準が何かを原告側で立証しなければならないことが大きな壁となる。

　ただし、日本では、注意義務の基準が全国基準であり、アメリ

カの一部の州でとられているような地方基準と比べれば、少しは立証しやすいとはいえる。

　②　訴える際の壁が高い。本書でも、日本では訴状に印紙を貼付しなければならないことを前に指摘したが、同時に、日本での弁護士報酬が、通常、まず一定の着手金を支払わねばならない仕組みとなっている。この論文では、障害を負って生まれた赤ちゃんのケースで、それが産婦人科医の過失による疑いがある場合でも、１億円の訴訟を提起するのに、訴えようとする若い夫婦が、まず400万円程度のお金を用意しなければならないところに大きな問題があると指摘する（アメリカであれば、完全成功報酬制で弁護士を雇う道があり、その場合、原告には訴える費用がかからない）。

　③　日本で医療過誤訴訟を提起する場合、たとえ勝てたとしても、一般に、損害賠償額がそこそこの額しか認められず、しかも相当程度予測可能である点も、裁判に訴える道を選びにくくする。アメリカなら陪審審理になり、認められる損害賠償額も予測が難しい。また、懲罰的損害賠償が認められる可能性があるので、裁判で争ってみようかという気持ちになりやすい。しかし、日本では、死亡や障害・傷害の種類や程度に応じて、交通事故のケースで発達した基準が用いられて、その基準に従った賠償額になる可能性がきわめて高い。

　④　医療過誤訴訟を提起するには、弁護士の助力が不可欠である。その弁護士の数が、アメリカに比べて圧倒的に少ないのが（アメリカで130万人、日本では４万人弱）、訴訟の数の少なさと関連する。ただし、この論文では、医療過誤訴訟に関心をもち、患者の権利擁護を考える弁護士が増えてきたことが、先に述べたような医療過誤訴訟の増加につながっているとする。

⑤　医療過誤訴訟提起が難しいのは、裁判が何年もかかるという要素も大きい。この論文では、通常の民事訴訟の第1審判決が出るまでの月数と、医療過誤訴訟の場合を比較した表が掲載されている。たとえば、1995年の数字は、前者が10.1か月、医療過誤訴訟は38.8か月となっている。通常の裁判自体、長くかかるという印象があるのに、医療過誤訴訟はその何倍かの月日を要する。第1審だけで終わらなければ、5年、あるいはそれ以上の時間を覚悟しなければならない。

しかし、拙速な裁判で正しい判断を犠牲にすることはできない。迅速な審理の下で、かつ正確な判断を確保するという課題が生ずる。

このようにこの論文は、医療過誤訴訟を提起する上での構造的な阻害要因を並べた後、実際には、医療過誤訴訟が急増しているわけですから、その背後に、構造改革的要素があると指摘します。それは、医療過誤訴訟についてなされた、次のような改革でした。

①　鑑定人選定制度。医療過誤訴訟では、医療についての専門家の証言・助言が不可欠である。ところが、従来は、鑑定人の選出だけで、平均して133日もかかっていた。2001年、最高裁は新たな鑑定人選定制度を創設し、医学会の協力を得て、適切な鑑定人を迅速に選任する仕組みを整えた。

②　その鑑定人も1人だけの判断では難しい場合がある。2003年、東京地裁では、いわゆるカンフェレンス鑑定を始めた。これは複数の鑑定人に一堂に会してもらい、議論しながら、一定の見解を取りまとめる仕組みである。

③　専門委員制度。医療過誤のような専門性の高い紛争になる

と、何が争点なのかが、素人にはわからない。そこで、専門家をあらかじめ専門委員として任命し、裁判官に助言しながら適切な争点整理を行う仕組みを作った。

④　医療集中部の創設。2001 年以降、東京地裁の 50 ある部のうち 4 つは医療集中部となり、医療事件を専門に扱うことになった。この動きは東京地裁ばかりでなく、他の地裁にも広がり、これらの部で扱われた医療過誤訴訟は、普通の裁判所で要するよりもはるかに迅速に判決を導いているとのデータが出されている。

これらの構造的要因の改革は、医療過誤訴訟の増加に対応したものではありますが、他方で、より迅速で公平な裁判を求めることができるという点で、医療過誤訴訟を増やす要因ともなります。

フェルドマン教授が、医療過誤訴訟をめぐるこのような裁判に関わる重要な仕組みの変化とともに重視するのが、医療をめぐる社会的背景の変化です。

第 1 に、医師に対する信頼が日本社会において落ちてきていることを、世論調査などの結果を紹介して指摘します。いわゆる医療不信です。

第 2 に、医療事故の被害者の事情として、日本の社会保障制度が完全ではなく、被害者が負担する医療費が大きくなれば、原因となった医療に過失があると考える患者は訴訟を考えるだろうということです。

第 3 に、メディアの影響も大きいと指摘します。日本では、医療事故とそれに続く訴訟がメディアで取り上げられる頻度が高く、特に 1999 年の患者取り違え事件や、医療事故の隠ぺいを伴う事件が大きく報道されたことなどから、医療事故の被害者を応援する雰囲気があるといいます。それは裁判への後押しになるで

しょう。

　フェルドマン教授の指摘の中で、注目すべき点として、アメリカでは、一般論として、医療過誤訴訟を提起する原告側に厳しい世論があるということがあります。たとえば、原告に過剰な損害賠償を認めることへの批判、医療過誤訴訟の増加による保険料の増加、どん欲に私益を追求する原告側弁護士、本来は訴えるに値しない請求の増加など、いずれも医療過誤訴訟の増加を問題視する論調が普通に見られるのに、それが日本では皆無だというのです（強調のために下線を付しました）。そのような発言をした厚労省の副大臣が辞任に追い込まれた例を紹介しています。

　以上のようなフェルドマン論文は、日本において、数の上ではアメリカに比べてはるかに少ない程度ではあるものの、医療過誤訴訟の増加の割合だけを見れば、「激増」といってよい現象が近年みられることを指摘し、それに伴う、裁判制度の改革や社会的要因を簡潔にまとめています。それは明らかに、かつて「裁判嫌いの日本人」といわれたような状況とは異なるものであり、日本法についての考え方を再検討させるものだということです。

　ただし、その後の推移は、フェルドマン教授の考える方向性とはやや異なっています。2004年に医療過誤訴訟の件数は1110件と最高値を記録しましたが、その後は1000件を割り、2018年は785件となっています。一時、「激増」した勢いは見られず、2005年以降現在までは、年間800件程度で「安定」または「微減」という状況です。

　また、日本の場合、医療過誤が刑事事件化したことも重要ですが、それも2005年を境に減少し、2016年の数字では、起訴された件数はわずか2件です。

　医療過誤訴訟が、日本の医療の安全に、どのような役割を果た

しているのかは容易に回答のできない問題ですが、少なくとも裁判がずっと増加し続けることはなかった、ということは確かです。実は、アメリカの場合、医療過誤訴訟の件数は過去20年にわたって減少を続けています。その大きな要因は、各州の議会で、医療過誤訴訟を起こしにくくする「構造改革」をしたためです（たとえば、時効期間の短縮、損害賠償額の上限を定める制度、専門家パネルを裁判開始前に置く制度など）。この論文で紹介されている日本の「構造改革」は決して訴訟を起こしにくくするためのものではありません。それにもかかわらず、実際に訴訟が増加していないことをどう評価するかは、考えるべき課題です。

2 レフラー教授の論文

今度は、レフラー教授の論文を取り上げてみましょう。先にも述べたように、この論文は国際的な医学会の雑誌に掲載されたものですから、抜粋部分も、日本において、1961年以来、国民皆保険システムの下で医療が提供されていること（国民とはいいますが、在住の外国人も含みます）、医療費が規制されており、自由診療は例外であること、ただし、基本的に出来高払い制度（fee-for-service といいます）がとられ、検査や診療も薬も使っただけ支払がなされる制度になっていることが、前置きで述べられます。しかし、GDP（国民総生産）に対する医療費の割合は、2004年時点で、日本は8％、アメリカの15.2％に比べて半分程度で済んでいることが指摘されます。

彼はアメリカの医事法の先生ですから、アメリカにおいて、すべての人が健康保険の対象となっているわけではなく、医療へのアクセスのない人がいること、さらに乳幼児の死亡率や平均寿命など、GDP比で見ても日本に比べて大きな金額の医療費が使わ

れているのに、日本の成果にはるかに及ばない点を問題視しています。要するに、日本の医療の問題を研究しながら、アメリカにおける医療へのアクセス、医療の質と安全（事故の減少）、さらにコスト（適正な医療費）という問題を考えているわけです。

　この論文では、日本の医療の問題点として、つい最近まで、パターナリスティックな態勢がとられていたことが指摘されています。江戸時代の、民には「知らしむべからず、依らしむべし」という幕府の方針が紹介されて、それと同様の態度が医療界にあったとします。例としては、がん告知をしない傾向、処方箋薬の情報提供も不十分であったこと、カルテ開示にも消極的だったこと、さらには入院時に「医療について訴えたりしません」という書面を提示して書かせた例もあることなどが示されます（最後の例示の書面は、日本法上も公序良俗に反して無効とされます）。

　しかし、このような前時代的傾向は近年減少し、医療における透明性が進みました。そのきっかけは、血液製剤によるエイズ事件や情報公開法その他で患者本人の医療記録へのアクセスが保障されたことなどがあげられます。さらに 1999 年以降、主要な病院での医療事故の隠蔽事例が、メディアで大きく取り上げられた影響もあるとされます。

　以上を前提にして、レフラー論文での主張は、日本の医療過誤事件について、近年、法の役割が大きくなったこと、それは、医療の質についてまず責任を持つべき医療界において医療安全を推進する体制が不十分だったこと、そこでやむをえず法的手段に訴える傾向が生まれたものの、民事訴訟である医療過誤訴訟はアメリカに比べてはるかに少ないこと、それに代わって、アメリカではほとんど存在しない刑事司法の介入が高まり、2004 年の最高裁判決でそれが支持されたこと、しかしながら、そのような対処

は日本の医療にとって望ましいといえないこと、です。

　まず、医療事故や医療安全の向上のための制度が、法以外の手段で貧弱なままだったことは、次のような例で示されます。これらの仕組みはアメリカではもっと積極的に運用されており、日本ではそれに比較してはるかに弱体だという主張です。

　①　医師をはじめとする医療従事者の資格付与と、その能力の維持に責任を有するのは厚労省だが、医療事故についての調査をすることはほとんどなかった（医道審議会で、懲戒される医師は、大半が医療以外の原因である。たとえば、殺人やわいせつ事件を起こしたことなど）。

　②　病院内にピア・レビューの仕組みがあるのは例外的である。morbidity and mortality conference（M & M カンフェレンス、死因調査会議）もないところが多い。

　③　医局内で上下関係があり、偉い教授のいうところが、もはやデータで支持できないものになっていても、疑問だとする声が上げられない。

　④　病院評価の仕組みも存在するものの、任意参加にとどまり、8832 ある病院の 3 分の 1 以下（2523）しかこの仕組みに参加していない。そもそも病院評価にあたり、evidence based medicine（証拠に基づく医療）という基準が遵守されているかや、有害事象に対する正直な説明がなされているかについて評価するものではない。

　⑤　医師は、いったん医師になったら、どの専門も標榜できる。専門医制度も発展していない。

　このように、医療安全の面（医療の質の確保・向上と医療事故の

減少の側面）において、日本では、医療政策をめぐる制度的な脆弱性があるために、1999 年以来、医療事故が重大な問題とされ大きく報道される中で、それらに対する対処が法的な手段に求められたというわけです。

　では、医療事故に対処する法はどうだったかというと、不法行為として民事訴訟で争われる場合、その実体法的側面（原告の立証責任と立証すべき要件など）は、日本でもアメリカなど他国と大きな差異はなく、違っているのは、訴訟の運用面・あるいは実態面だとします（この部分は、フェルドマン教授の論文と一致しています）。

　①　医療過誤に精通した弁護士の数の少なさ

　②　アメリカに比べてはるかに少ない医療過誤訴訟（アメリカでは、年間で少なくとも 5 万から 6 万件の裁判があると推計されている）

　③　訴訟にかかる時間の長さ

　④　損害賠償額が標準化されており予測可能性が高いこと

　⑤　医療過誤に対する賠償責任保険の保険料が統一されて安価であること

　⑥　このような民事訴訟の状況に比べ、日本の場合、刑事訴訟に頼る傾向が異常に強いこと

　以上のように日本の医療過誤訴訟の状況を整理したうえで、アメリカに比べてなぜ訴訟（民事訴訟としての医療過誤訴訟）の数がはるかに少ないのかについて、レフラー教授は次のように原因を列挙します（この論文では、日本の訴訟件数ではなく、医療事故に関する請求件数の推計として、年間 5000 から 1 万件、これに対し、アメリカでは 10 倍の 5 万件から 6 万件という数字が示されています）。

①　被害者および原告側弁護士から見た経済的理由。被害者は、訴訟を提起するのに印紙代や弁護士への着手金を用意しなければならない。原告側弁護士からしても、一定の着手金と勝訴した場合の勝訴額の 10 ないし 15％という報酬では、割に合わないことが多い。

　②　医療過誤訴訟にかかる時間の長さ。日本の訴訟は、集中審理主義ではなく、1 か月に 1 度の期日を入れて、悠長に行われる。この論文では、日本の長雨の時期を表す、「いつ終わるか誰にもわからない」という言葉が英訳されている。

　③　勝訴した場合の損害賠償額の予測可能性。日本では、交通事故について詳細な損害額の算定表が作られており、医療事故でもそれが用いられる。その結果、裁判の予測可能性が高いので、裁判に至らないケースも多い。また、いったん裁判になっても和解で終わることが少なくない。さらに、裁判官も途中で和解を勧める例がある。

　④　医療過誤訴訟において、専門家証人が重要であることは日米で同じだが、日本の裁判官は中立的な鑑定人を選ぼうとする傾向がある。しかし、一般論として、日本の医療界は、裁判での結果を受け入れがたいと感じている。

　⑤　日本の医療過誤賠償責任保険の保険料は、アメリカに比べてはるかに安い。しかも、専門や地域によって異にするのではなく一律で、かつ、医療事故を起こしたから当該医師の保険料が急増することもない。そうであれば、裁判ではなく、保険金の支払に応じて一件落着ということになりやすい。

　このような要因により、日本では、民事訴訟としての医療過誤

訴訟は、アメリカのように大きな件数になりにくいわけです。しかし、刑事医療過誤という分野が近年注目されているのは、日本の最大の特色だと、この論文は指摘します。医療事故について、警察が介入する場合の罰条は、まず業務上過失致死傷罪、次に、カルテ改ざんなどでの文書偽造罪、さらに、医師法 21 条が、異状死についてそれを発見した医師に警察届出を強制しているので、その違反（刑罰による罰則があります）。これらが大きな問題となった事件、1999 年の都立広尾病院事件が最高裁まで争われ、2004 年、最高裁は、医師法 21 条に基づく警察届出の強制は、日本国憲法の保障する自己負罪拒否特権に違反しない（よりわかりやすくいえば、黙秘権の保障は及ばない）と判示し、医療界に「津波」のような甚大な影響を与えたと、この論文で指摘されています。

　というのは、医師たちは、従来、医療に原因を有する死亡を「異状死」とは考えてこなかったからです。医師たちでなくとも、病院で患者が死亡するのは通常のことで、現在では誰でも知っていることです。手術が常にうまくいくことはなく、医療にはリスクがつきものであることも、一般論として皆が知っています。

　ところが、医師法 21 条の解釈として、医療に伴う死亡を「異状死」として常に警察に届けなければならないと最高裁が述べたようにも思われたのです。しかし、1999 年以前、医師法 21 条の解釈はそうではありませんでした。医療事故について警察に届け出るとは誰も考えていなかったのです。医師法 21 条の適用される典型例は、たとえば、ナイフで刺されて傷害を負い救急車で運ばれた患者がいて、それを診察した医師が、当然ながら事件性があると判断して警察に通報するというような例でした。

　しかし、1999 年の広尾病院事件では、病院側が患者の遺族に

虚偽の説明をし、医療事故を隠蔽しようとしました。それはあまりにひどいということで、警察が介入し、その際に医師法21条に基づく警察届出もなかったことを問題にしたのです（もちろん主たる部分は、業務上過失致死罪です）。この事件後、日本の社会において医療不信が募り、医療界では、隠蔽がないことを示すために、医療事故についても積極的に警察届出をしようとする動きも出ました。

さらに2006年に、産婦人科医が難しい出産で母親を救命できなかった事件で、警察はこの医師を逮捕しました。もっとも2008年に、医師は無罪となり、検察も上訴しないで確定しました。2005年頃まで、刑事司法の積極介入が見られ、その後は、減少に転じています（実際の数字を挙げると、医療事故に関する警察への届出件数は、2001年に105件だったものが2005年に214件、2007年に246件とピークになり、その後減少して、2016年には68件となっています。最高の246件でも、民事訴訟件数の3分の1以下であり、訴訟にならなかった医療事故件数からすればきわめて少ない数です。それでもこのような法的介入の増加は、医療界に大きな衝撃となりました）。

このように、レフラー論文は、医療事故について、21世紀初頭の日本において、法の役割が重要視されるようになったこと、とりわけ刑事介入が積極的に行われたことを指摘しています。

3　アメリカ人にとっての驚き

この2つの論文は、日本の医療と法、その中でも医療事故と法（あるいは医療安全と法）の現状を、正確に記述していると思われます。

これを読んだアメリカのロー・スクールの学生たちは、まず日

本の医療過誤訴訟がアメリカと比べてはるかに少ないこと（フェルドマン教授のいうように、近年、急増したといっても、件数では高々年間で1000件です）、そして、医療事故が刑事事件として扱われるという現象に驚くでしょう。

　このうち民事訴訟が少ない理由は、両教授の説明で大方は納得すると思います。しかし、日本での病院での死亡が毎年約100万人あり、これまでの日米の実証研究では、医療における過失割合（または少なくとも過失が疑われる事例）が数％あることを知れば、少なくとも日本でも数万件の医療過誤訴訟が起きても不思議はないわけであり、これほどに裁判の数が少ないことをこのような構造的要因だけで説明できるかについて疑問を提起するでしょう。さらに、構造的原因がわかっているのなら、なぜそれに対処する動きが出てこないのかも問題視するでしょう。最近、日本で行われた医療集中部の設置や鑑定人の選定制度など、迅速で公正な医療裁判を促進する動きも、結局は、すでに生じた医療事故が裁判になった場合に対処するものであり、それによって裁判自体の増減に直結するものでもない点を指摘するかもしれません。

　医療事故に対し、刑事事件として対処する傾向にはもっとびっくりするでしょう。もっとも、私が知る限り、イギリスでもオーストラリアでも、医療事故が刑事事件化する動きはあり、事は日本だけの話ではありません。しかし、日本では、交通事故で人を死亡させれば、当然に警察が介入し、業務上過失致死罪（最近は危険運転致死罪の可能性もあります）の適用が問題となりますから、それが医療事故であっても事故による人の死亡という点では同じだと考えて、それを受け入れられやすい素地があります。しかし、本来、誰もが運転する車による事故と、資格を持った専門家だけが携わる医療の事故を同視する考え方自体を再検討する必要があ

りそうです。

　実際、日本でも、繰り返し述べているように、現在では、医療事故について警察や検察が介入する例は減少しています。

　他方で、考えるべきは、現代日本における医療のあり方です。国民皆保険制度のおかげで、誰でもが医療を受けられるような仕組みが整えられ、しかも医学の進歩は著しく、かつてなら不治を意味したがんも治るものが多くなりました。医学の進歩と医療への期待が高まると、医療を受けて死亡した場合、本来は回避できたのではないかという考えも生まれます。専門家に対する期待度が高まり、その期待に応えられない事態が生ずると、相手を責める気持ちが生まれます。その瞬間から、患者またはその家族は被害者となり、被害者となれば、どこかに加害者がいることになります。このようにして blame culture（他人を非難する文化）が強まると、自分ではなく警察権力に頼るのが1つの方法になります。自分で訴える民事訴訟は、時間も費用もかかるのに対し、警察に訴えるのは容易であり、警察も、そこに事故（事件）があり、加害者である医師や看護師が罪（過失）を素直に認めていれば、一件落着になるからです。ついでにいうと、医療事故で業務上過失致死を認めた場合、略式裁判で罰金40万円とか50万円で、裁判も1日で終了です。

　問題はこのような動きが、本当に医療安全につながるかです。レフラー教授も、実は私も、そのような安易な解決方法で日本の医療安全が促進されるとは思っていません。おそらく、アメリカのロー・スクールの学生の多くも、このような刑事介入のメリットとデメリットについて考え、アメリカで刑事事件化しないことの正当理由を考えることになるでしょう。

To err is human（人は誰でも間違える）という本が刊行されたのは 1999 年でした。これは、医療においては、「事故は起きるべきでない」が正論とはいえないことを示したものです。むしろ「医療事故は起こるものだ」という前提で、医療安全を推進するための方策を探求することが重要だと強調します。間違いを犯した医療者の刑事責任を追及したり、民事責任を問う裁判でできることは限られているということです。

　では、医療安全について法は何ができるか、特に日本法は何を目指しているのか。これは、アメリカのロー・スクールの学生にとっても興味深いテーマのはずです。何しろ、医療過誤訴訟を減少させるためにさまざまな方策をとってきたといっても、アメリカでは今でも日本をはるかに上回る数の医療過誤訴訟（民事訴訟）が起きているのですから。

第6話　医療過誤訴訟
──ラムザイヤー教授の論文

ここではラムザイヤー教授の論文を紹介します。彼は、日本がアメリカに比べて医療過誤訴訟がはるかに少ない理由を提示します。たぶん彼以外に思いつかなった理由です。おそらく日本の医師も法律家もすぐには賛成しないでしょう。

なお法と経済学を教えるラムザイヤー教授ですから、ここでの立論も単なる思いつきではありません。データに基づいて主張しています。まさに外からでないとこのような議論、日本では当然視されていた前提を覆すような議論は出てこないかもしれません。

　ラムザイヤー教授は、日本で生まれ、高校まで日本で暮らした人だと聞いています。私などは、彼は英語が日本語ほどうまいのかと怪しんだことすらありました（これは半分冗談ですが）。彼は、日本も日本法も大好きで、私に、次のようなことを語ったことがあります。日本法の研究は、まさに彼にとって研究者の趣味というか本業というか、ともかくそれが大好きで行っているのです。しかし、アメリカのロー・スクールでは、日本法を教えるというだけでは雇ってもらえませんから、彼の代名詞でもある「法と経済学」やその適用場面である会社法も教えています。たぶん会社法を教えて会社法のケースブックを編集しているのは、彼なりの「身過ぎ世過ぎ」のためであり、自分本来の仕事＝趣味＝本業は、日本法だと思っているに違いありません。

それほどに日本法が好きなラムザイヤー教授ですが、日本の医療制度とそれに関する法については辛口です。好きだからこそ、リアリスティックかつ冷静に分析しているのかもしれません（その点では、私自身のアメリカ法に対する態度は甘すぎると反省しなければなりません。もっとも、私は、アメリカ法の中で、日本法と異なる部分でかつおもしろくて意味のあるところを紹介したいと思ってきただけなのですが）。

　さて、どのような意味で辛口かといえば、私を含めて多くの日本人が誇る国民皆保険システムについて、その制度的欠陥を鋭く指摘します。そして、それが優れた医療を国民（日本に居住する外国人を含みます）すべてに提供しているとは必ずしもいえないこと、せいぜいでまあまあの医療を提供しているにすぎないこと、さらに日本の医療過誤訴訟がアメリカに比べてはるかに少ないのも、難しい手術を行う医師が少ないからだと主張します（彼の最近作で、この教材に採用されている論文を補充しているものに、J. Mark Ramseyer, Second-Best Justice: The Virtues of Japanese Private Law（U of Chicago Press, 2015）があります。決して Best Justice ではないわけです）。

●アメリカ人にとっての驚き●

　いったい、このラムザイヤー論文は、アメリカのロー・スクールの学生に何を伝えようとしているのでしょうか。そこに「えーっ」という驚きの部分はあるのでしょうか。医療制度も異質の日本の制度の欠陥を突いて、アメリカの医療の優位性を証明しようとしているのでしょうか。

　この論文の主旨は、そう単純なものではなく、一方で日本の医療制度の欠陥を指摘しながらも、アメリカ人のロー・スクールの

学生にとって、医療という生存・生活に関わる要素について、日米の違いを示すとともに、アメリカ的対処の問題点も逆に浮き彫りにしているように思えます。彼は、アメリカ的な医療制度と医事法（医療過誤法）がベストだと主張しているわけでは決してありません。

　では、その主張するところを少し丁寧に紹介しましょう。

1　日本の裁判所と法への評価

　この部分は前掲の著書の71〜73頁を要約したものです。ラムザイヤー教授は、日本における交通事故の大多数が訴訟外で保険会社による支払いによって解決していること、その背後に、裁判所に訴えてもその和解と同様の解決が待っているにすぎないとみんなが知っていること、言い換えれば、裁判の予測可能性が高く、裁判所が明確なシグナルを発しているために、このようなsecond-best system が成立していると指摘して、次のように述べます。

　「日本の裁判所制度は官僚的である。だが、それだけ明確であり、しかも寛容でもある。明確だというのは、まさにそれが官僚的だからである。その明確さが予測可能性を生む。そして、予測可能性が高いからこそ、被害者は私的に和解交渉することができる。その過程で、誰もが、そうでなければ弁護士に払う費用を払わずに、お金を節約することができる」。

　そして、交通事故紛争に関する上記のような指摘が、医療過誤訴訟にも相当程度当てはまると主張します。実際、明らかに、医療過誤事件について、日本ではアメリカに比べてはるかに少ない数の訴訟しか提起されません。これについて、有識者は、日本の

裁判制度の欠陥に注目します。すでに述べたように、日本における弁護士の数の少なさ、医療過誤訴訟の難しさ、時間と費用の壁、等々。

しかし、ラムザイヤー教授は、医療過誤訴訟の分野で日本の被害者が訴える数が少ないのは、医療過誤が少ないからだという新説を唱えます。もちろん、それが日本の医師の技量が優れているからだというのなら、日本の医師は大歓迎でしょうが、辛口のラムザイヤー教授の論理はそちらに向かいません。<u>日本で医療過誤が少ないのは、日本の医療の質が高いからではなく、その質が低いから</u>だというのです。医師が医療過誤をおかしやすいのは、手術が最先端のものであり、複雑でハイ・リスクな場合です。通常診療で抗生物質を出したり、自転車事故で骨が折れた場合に対処するケースなどで、間違うことはほとんどありません。日本の医師の大半が行っているのは、後者のような診療であり、ごく少ない数の医師が、難しい手術をしているのです。そうだとすれば、医療過誤自体が少なくなり、その結果、当然ながら紛争も少なくなるというのです。

ラムザイヤー教授は、このような日本の医療制度の特色は、日本の健康保険システムによって裏付けられている、あるいは必然的にもたらされていると述べます。つまり、国民皆保険制度の下で、日本の医療には厳しい価格規制がなされています。それを安価にするようなシステムが機能しているために、特に、難しい複雑な手術などの医療にそれほど高価な値付けをせず、日常診療に対し、相対的に高い価格設定をしていることが、日本の医療のあり方と医療過誤訴訟の現状についての原因だというのです。

このような主張を根拠づけるため、まずアメリカでの医療過誤訴訟の現状を述べ、それと比較した日本の医療過誤訴訟の基本的

な状況を説明した後で、アメリカとは異質の日本の医療制度を紹介し、さらにその結果、どのような医療が日本で行われているかを述べます。そして、最後に、日本の医療過誤訴訟の現状を分析します。以下、この順番で、ラムザイヤー教授の主張を紹介しましょう。

2　アメリカの医療過誤訴訟

　ラムザイヤー教授によれば、アメリカでは、毎年、医療過誤訴訟が5万件から16万件提起されます。こんなに数字が違っているのは、調査研究によって推計値が異なるからです。2006年のある研究では、年間で5万件ないし6万件の訴訟が提起され（前に紹介したレフラー教授の論文もこれによっていました）、それによって認められた損害賠償額の総計は58億ドル（日本円で、1ドル100円とすれば5800億円）とされます。しかし、2003年の別の研究では、15万6000件の損害賠償請求が認められ、287億ドル（同じく2兆8700億円）が被害者に支払われたとします。いずれの数字でも、日本とはけた違いであることがわかります。他には次のようなポイントが指摘されます。

　①　地域差が大きい。例として、フロリダ州（人口約1400万人）では1990年から1997年までの間に約2600件の損害賠償請求がなされ、そのうち50ないし60%で何らかの賠償がなされたのに対し、テキサス州（人口2400万人）では、2002年の数字として、6929件の訴えがなされてそのうち5555件で何らかの支払いが命じられた。ところが、アメリカ全体でみると、医療過誤訴訟の裁判で勝訴している被害者は、20から30%程度だとされる。
　②　医療過誤訴訟で勝訴した被害者が勝ち取る金額は、15万

ドルから31万ドル程度である（1500万円から3100万円になる）。ある調査では平均額は17万8000ドル（1780万円）。フロリダ州の2003年統計では、勝訴した原告の賠償額の中央値は15万ドルで、平均値は30万ドルだった（平均値が単純にデータの平均をとるので、一人でも莫大な賠償額を取れば平均値が増えるのに対し、中央値とは、賠償額のデータを並べて、その中央にあたる被害者の金額を指す）。医療過誤について賠償責任保険を払う団体の2001年統計では、支払額の中央値が18万ドル、平均値が31万ドルだった。

　医療過誤によって被害者が死亡した場合については（これは医療過誤訴訟の25ないし35％にあたる）、遺族が賠償を受けた場合、その金額は20万ドルから30万ドルである（つまり、1ドル100円なら2000万円から3000万円である）。アメリカには、医師が医療過誤をおかした場合、それを報告する仕組みがあり、National Practitioner Data Bank, NPDB と呼ばれるが、2005年のこの機関の数字でも、中央値は17万5000ドルとされており、他の調査とは大きく異ならない（後で述べるが、これらの数字は、日本の方が一般に大きい。日本の裁判所が「寛容」だとラムザイヤー教授が指摘するのはこのためである）。

　③　医療過誤訴訟に備えて、アメリカの医師は、賠償責任保険に入る。保険料は、医師の専門や地域によって大きく異なる。2000年時点で、アメリカの医師は平均して年1万8500ドルの保険料を支払っていた（185万円の保険料ということである）。もちろん、それよりはるかに多い保険料の州があり、たとえば、ウェスト・バージニア州では平均保険料が3万9050ドル（390万5000円）だった。専門医で保険料の高い分野としては、整形外科手術を行う医師が代表で、アメリカ全体の平均で3万8200ド

ルの保険料である。だが、ペンシルバニア州の整形外科手術医は、年に7万3300ドルを支払わねばならなかった（後に述べる日本の医師賠責保険の保険料とは雲泥の差がある）。

④　専門医による複雑で難しい手術の場合、それに医療過誤があっても、その解決までには時間がかかる。フロリダ州の場合、医療過誤訴訟の解決には3.3年かかり、NPDBのデータによれば、全米では、中央値が4.13年、平均値では4.66年である。

⑤　これだけの数の医療過誤訴訟が提起されていながら、さまざまな研究で明らかにされているのは、それでも訴えてしかるべきケースで被害者が訴えていないという事実である。逆に、まったく悪くない医師を訴える例も少なくない。要するに、医療過誤の実態と医療過誤訴訟の間に大きなミス・マッチが存在する。

3　日本の医療過誤訴訟に関するデータ

アメリカの医療過誤訴訟のデータに対し、日本の医療過誤訴訟は大きな差異を示します。ラムザイヤー教授は、それを簡潔に次のように列挙します。

①　医療過誤の被害者が裁判所に訴える件数ははるかに少ない。しかも、訴えても、途中で取り下げるか、和解で終了というケースが多い。裁判で解決という場合、約3年の時間がかかり、最終的な判断として、被害者が勝訴するのは30%から40%程度である。

②　2004年時点で、医療過誤訴訟という民事訴訟は日本全体で約1100件だった。この数字は、それまでに比べて減少した数字ではなく、増加した数字であり、1998年時点と比較してほぼ倍になったものである（これはフェルドマン教授などが強く指摘し

ていたところです）。ただし、2009年には707件となり、2012年でも770件であって、その後は、どんどん増加しているわけではない（先に述べたように、その後も、毎年800件前後で安定しています）。

③　裁判に訴えた場合、その40％が判決まで行く。2004年の数字でいえば、約1100件の提訴があり、最後まで裁判で決着を見たのは405件だった。残りのケースは、原告が訴訟を取り下げるか、被告が何らかの金銭を支払い和解したわけである。この傾向は、民事訴訟全体とも一致する。2012年の統計では、16万8000件の提訴があり、6万9750件（41％）が判決で終了した。

④　医療過誤訴訟に要する時間は、通常の民事訴訟より長い。1998年時点では、提訴から判決まで、医療過誤訴訟には35か月がかかった。2004年までに、この数字は27か月まで改善したが、通常の民事訴訟の76％が1年以内に判決が出ているのと比べるとそれでも長い。2012年の統計では、81％が1年以内に判決が出され、3年以内まで時間軸を広げると99％が終了しているからである。

⑤　日本の医療過誤訴訟において、被害者（原告）の勝訴率は、30ないし45％である。この数字は、一般の民事訴訟に比べてはるかに低い。2004年の数字でいうと、通常の民事訴訟7万1000件に対し、84.1％のケースで原告は勝訴していた（一部勝訴を含む）。この数字と傾向は、2012年の数字でも裏付けられる。

4　日本の医療制度

　日本の医療制度について、ラムザイヤー教授は2つの特色を指摘します。これは、フェルドマン教授もレフラー教授も共通の認識です。第1に、国民皆保険制度の下で、ほぼすべての人が

医療を受けられる制度が作られていること。それにもかかわらず、医療費の GDP 比は 8％程度で、アメリカの 15％に比べ、半分程度で済んでいることです。

　しかし、このような特色の背後にある問題点に対し、ラムザイヤー教授は次のように切り込みます。

　①　医師の数は 27 万人（2019 年時点では約 32 万人）、それは 2 つのグループに分けられる。1 つは、小さな診療所を経営する医師で、いわゆる開業医がそれにあたる。そこでは低レベルの日常診療が提供されている。2 つめは、高度の診療が提供されることのある大病院での勤務医である。医師の 3 分の 1 は、前者の、ベッド数 20 床未満の小さな診療所で働いている。具体的には、9 万 3000 人の医師が診療所で働き、その 71％が診療所の経営者でもある（残りは、その診療所で勤務する）。これら経営者としての医師は、自分の子どもを医師にして、この資産を引き継ぐ。通常、1、2 名の看護師と受付を雇用する。アメリカと異なり、大病院で手術をするなどの医療特権を有する人は少ない。大学病院など大病院で働く医師は勤務医であり被用者である。彼らが、高度の医療を担当する。

　②　政府が日本医師会との交渉のうえで医療費を設定する。2 年に一度の診療報酬改定がなされる。日本医師会は診療所の医師の利益を代弁しており、会員数は医師全体の 61％にすぎないが、ほぼすべての診療所医師を含む。

　政府は、医療費をできるだけ安価に設定しようとするが、内訳として、診療所に厚く、病院には薄い設定価格とする。キャンベルと池上の共同研究によれば、アメリカでの医療費の 4 分の 1 程度に価格が設定されている。価格を操作し、一般に専門医に厚

く報いるのではなく、小さな診療所に投資する医師に厚く配分している。

その結果、低レベルの日常診療を行う方が、利益が出やすく、ハイテクな先端医療は利益が薄いことになる。

このような日本の皆保険制度の下での診療報酬の定め方は、次のような結果を生んでいるとラムザイヤー教授は厳しく指摘します（これらは、ある意味で、日本の医師たちにとっては常識かもしれませんが、多くの国民の意識していない問題点だと思われます。もっともこれらの主張に対しては、日本の医師や医療制度の専門家から反論があるとは思いますが）。

① Not preventive care（予防医療に注力しない）

上記のような特色は、アメリカの専門家から見ると、日本が予防医療に力を注いでいるのだと見えるかもしれない。そうではない。それとは正反対に、医療の質を下げるものとなっている。国民皆保険制度での報酬の基本は出来高払いであるから、医師（診療所の医師）にとって、患者の数を集めること、診療時間を短くして、繰り返し通院させることが収入増加になる。薬剤処方にも対価があるので、できるだけ薬を処方することも利益増加に結びつく。入院も長いほど利益になるので、欧米に比べ、日本では入院期間が長い。

そもそも日本の国民皆保険制度では、予防医療はカバーしない。カバーするのは、傷害または疾病による治療だけである。

② Not health（健康に結びつかない）

国民皆保険制度のおかげで、日本人の平均寿命が伸びていると論ずる識者がいるかもしれない。実際、アメリカの白人男性が

75 歳、女性が 80 歳であるのに対し、日本人の平均寿命は、男性が 79 歳、女性が 86 歳である（2019 年時点では、男性 81 歳、女性が 87 歳、逆にアメリカの平均寿命はむしろこの数年減少している）。

しかし、平均寿命の伸長は、医療制度によるばかりではない。食習慣や運動のあり方、たばこや酒など多くの要因による。平均寿命の違いは、決して、日本の医療がアメリカよりよいことを意味しない。

③　Not specialized expertise（専門医の充実に結びつかない）

日本の国民皆保険制度は、専門医の充実を導くものではない。むしろ、専門医の増加に歯止めをかけるものになっている。国民皆保険制度の下で、医療の需要は高まるはずだが、資格制度の下で医師の供給は制限され、医師は、いったん資格をとれば、専門医になろうとなるまいと一定の報酬が約束される。逆に、専門医になろうとする必要がない。専門医になっても、報酬は政府が規制しており、高い報酬が期待できない。

実際、東京の医師会会員 1 万 9000 人（東京の医師のうち 56%）のうち、専門医の資格を標榜するのは 1100 人にすぎない。大多数の医師は専門医ではなく、すべての診療に対応する。しかも、何を標榜してもいいので、外科と内科を標榜する例すらある。

④　Not sophisticated procedures（洗練した医療の提供が少ない）

日本の皆保険制度では、医師の数を制限し、より高度で難しい手術を行う病院の数を限定している。たとえば、心臓バイパス手術や血管形成術の数、頸動脈造影術、動脈内膜切除術、がんについての化学療法など、アメリカと比較した数では大きな相違がある。

具体的には、2005 年の数字で、アメリカにおける心臓バイパス手術は 46 万 9000 件だったのに対し、日本ではわずか 1 万

2000件で3%以下である。血管形成術では、120万件に対し6%以下の7万から10万件である。がんの化学療法では、日本の政府は、そのための新薬を承認していない。アメリカでは承認されるものが、日本では安全性を理由に承認しない例が少なくない。そこで、日本の富裕層は、自由診療という形でこれらの薬剤を利用する治療を受けている。また、このようながん治療を保険で支援する形のがん保険が売れている。

　要するに、日本の医療保険制度が高度で先進的な医療を提供しているとはいえない。

5　日本の医療過誤訴訟

　このように、日本の医療過誤訴訟が少ない大きな理由として、従来の説のように、日本人の国民性や文化というような曖昧な説明によることなく、さらに日本の裁判制度の欠陥によるのでもなく、ラムザイヤー教授は、日本の医療システムに原因を求めます。

　その前に、日本の医療過誤訴訟の現実を把握するのが重要だとして、①日本では、医療過誤訴訟で誰を訴えているのか、②訴訟によっていくらくらいの賠償額を得ているのか、③なぜ日本では優れた医師が訴えられるのか、という課題を追求したうえで、本稿の最大のテーマである、日本の医療過誤訴訟がアメリカに比べてはるかに少ない理由は何かを論じています。まずは、日本の医療過誤訴訟の現状把握です。

　①　被害者が誰を訴えているのかといえば、日本では、圧倒的に大学病院の医師が対象となり、民間の病院・診療所の医師は訴えられない。大学病院のベッド数は全体の6%にすぎないのに、訴えられる割合は18%である。なお、日本の医師は安価な医師

不法行為の章

184

賠責保険に加入しているため、必ずしも病院だけを訴えるわけではない。また、最悪の医師が訴えられるわけではなく、むしろ最良の医師が専門的で複雑かつ先端的な医療を行い、その過程でミスがあるために訴えられている例が多い。

さらに、診療所ではなく病院が訴えの対象となる。診療所は、相対的に日常的な低度の診療に携わっているだけであり、より高度の複雑な医療は病院で行われるので、医療過誤訴訟の対象となりやすい。

②　被害者がいくらの賠償額を得ているのかといえば、まず、日本での医療過誤訴訟の勝訴率は、通常の民事訴訟よりはるかに低い。2004年に提訴された1110件の医療過誤訴訟のうち、判決まで行ったのは405件であり、そのうち原告勝訴は40%にすぎない（一部勝訴を含む）。

公表されている判例で、原告が何らかの金銭賠償を得たケースを分析すると、その額は20万円から2億500万円まで多様であり、平均では4180万円、中央値は3290万円となる。被害者が死亡したケースでは、賠償額は20万円から1億8900万円であり、平均は4060万円、中央値が3750万円である。これらの数字は、前に紹介したアメリカの数字よりは大きく、この点で、日本の裁判所の方が被害者に寛容だといえる。

しかも日本の賠償額は、交通事故の被害者に対する賠償の標準金額表に準じており、その分、予測可能性が高い。

③　なぜ日本では優れた医師が訴えられるのかといえば、優れた医師のいる大学病院等では先端的で複雑な治療が行われ、その過程で完璧を期しがたいこと、それに対し、日本の裁判所はこのような医師に高い基準の注意義務を負わせていること、さらにこれらの大病院では、手術等の記録もきちんととることが多く、そ

れだけ透明性もあるので、事後的な訴訟の際に何らかの過失を見つけやすいことなどがその理由となる。公表された判例の中で、診療所が対象とされている場合、ほとんど勝訴の例がないのも、最後の理由が大きい。診療所では詳細な記録がとられることが少ないからである。診療所が訴えられて患者が勝訴した51件のうち、43件では、診療所での医療が失敗し、良心的な医師が、より大きな病院に救急搬送して、大きな病院で死亡した結果、最初の診療所での治療の過失が明らかになったケースである。だが、非良心的な診療所医師が、救急搬送しなければ、それによる死亡に対し裁判になることは少ない。訴えるための記録が不十分だから。要するに、このようなケースでも、日本では良心的で優れた医師の方が訴えられやすい。

以上のように、日本の医療過誤訴訟の現状を検討し要約した後で、ラムザイヤー教授は、いよいよ最終的課題である、なぜ日本の医療過誤訴訟がアメリカに比べ圧倒的に少ないかという問題に取りかかります。

彼は、まず、これまでの説明を列挙し、それにいちいち反論します。

第1に、日本の弁護士のあり方によって、医療過誤訴訟が少ないと説明する議論です。これは、日本での弁護士報酬制度では、被害者がまず一定の着手金を支払わねばならないことが大きな障害になっているというものです。しかし、ラムザイヤー教授によれば、被害者が勝てる見込みのある訴訟であれば、日本では他から借り入れもできるはずであり、このような説明に説得力はないとします。

第2に、医療過誤訴訟をめぐる裁判制度に原因を求める主張

があります。1つには、医療過誤訴訟に時間がかかりすぎる点です。しかし、これも、アメリカでも医療過誤訴訟には時間がかかるので、十分な説明となりません。実際には、医療集中部設置などの努力で日本の方が裁判は早いくらいです。

　もう1つの点として、医療過誤訴訟における立証責任が被害者にあることが挙げられることがあります。これはそもそも間違った議論です。まず、裁判で立証責任が被害者にあるのは、日本における他の民事訴訟も同様です。もちろんアメリカの医療過誤訴訟などの不法行為訴訟も同じです。次に、裁判所は、時に立証責任の転換を認めることがあり、それはアメリカでも日本でも同様です。したがって、日本でも、医療過誤訴訟において立証責任の負担が軽減されることもあるのです。

　第3に、論者の中には、日本の医療過誤訴訟で認められる賠償額が、アメリカに比べて少ないと主張するものがあります。この点も誤りです。平均額でみても、日本の裁判所は、少なくともアメリカの裁判所と同額以上の賠償額を実際に認めているからです。

　このように、裁判制度に起因する要素によって、日本の医療過誤訴訟の少なさを説明する議論はいずれも失敗だと論じたうえで、ラムザイヤー教授は、それに代わる彼の主張を最後に提示します。

　それは、要するに、日本の皆保険制度という健康保険の規制制度の下で、医療費が安価に規制されており、しかもその配分が、通常の医療に手厚く、複雑で困難な治療には薄いという点に起因するという主張です。

　「統計に基づく回帰分析によれば、日本の患者は、地域の医師を医療過誤訴訟で訴えることが稀であり、地域の医師は、通常の、技術的に低レベルの医療しか提供していない。それに対し、患者

が訴えるのは、高度の専門家としての医師であり、彼らが最も複雑で介入的な医療を提供する。日本の皆保険制度は、洗練され複雑な医療の提供を減少させる効果を有する。その結果、必然的に医療過誤訴訟の件数を減らしているのである」。

　少なくとも日本ではだれも思いつかなかった議論でしょう。この議論が正しいにせよ、そうでないにせよ、外部有識者からの意見は、その１点（日本では行われなかった主張が出てくるという点）だけでも有益だと私は思います。

　日本の医療過誤訴訟をめぐるラムザイヤー教授の主張は、日本の医療制度の問題点を突くものです。2020 年の新型ウイルスによる大騒ぎは、日本の医療制度の脆弱さを明らかにした側面があります。医療の基本である検査、診断、治療という最初の検査すらできないというのですから。国民皆保険制度の下で、日本の医療は世界最高水準だと単純に信じていた（私を含めた）人には、大いに反省を迫る点があります。

　もっともラムザイヤー教授の力点は、医療過誤訴訟の問題では、アメリカにおいて医療過誤訴訟が多すぎるという点にあり、アメリカの法制度の問題点を指摘するところに関心があるようです。

第7話　製造物責任訴訟

　アメリカにおいて現代の不法行為訴訟での大きな問題を3つ挙げるとすれば、1つは医療過誤訴訟、次に環境問題に関わる訴訟、そして最後に製造物責任訴訟になります。特に、製造物責任訴訟は、グローバル化の中で、自動車をはじめとして安全基準が国際基準となりつつあり、日米の比較検討も重要です。

　その中で、なんといっても目立つのは、1995年に日本で製造物責任法が制定されてから現在まで、この法律に基づく訴訟が圧倒的に少ないことです。

　その数少ない裁判例となった、マクドナルド・ジュース事件を読んでみましょう。

　不法行為の教材の最後に、製造物責任訴訟がとりあげられています。製造物責任とは、わが国の製造物責任法第1条によれば、「製造物の欠陥により人の生命、身体又は財産に係る被害が生じた場合」について、製造業者等が負う損害賠償責任のことです。英語では product liability といい、アメリカではこれを PL と訳すことはありませんが、何でも省略することの好きな日本では「PL 責任」と呼ばれることもあります。

　アメリカは、判例法国ですから、製造物責任も議会による立法ではなく、裁判所の判例によって発展しました。まず、何らかの製品で被害が出た場合、不法行為法の原則に則り、過失責任主義の下で責任追及がなされたのですが、消費者（ユーザー）側が、

製造の過程でどのような過失があったかを立証するのは容易ではありませんでした。そこで、1960年代には、無過失責任に近い厳格責任（strict liability）を課す判例が現れて、過失の有無を問わず、製品に「欠陥」があるとされれば、製造者（メーカー）や販売者に責任ありとするルールが裁判所によって作られたのです。しかし、その後、「過失」と「欠陥」はどう違うか、そもそも「厳格責任」とはどこまで厳格なのかなど、理論的にも実務的にもそれに対する疑問が提起され、1980年代以降今日までの傾向としては、逆に製造者に重い責任を課すという方向性に修正が加えられています（このような経緯については、樋口『アメリカ不法行為法』252頁以下（第2版、弘文堂、2008）を参照してください）。

　アメリカでは、とりわけすぐ前に取り上げた医療過誤訴訟と製造物責任訴訟について、不法行為責任を問うことの当否が、大きな社会問題となり、1980年代以降、ほとんどの州議会で「不法行為改革（tort reform）」法が制定されました。その内容はさまざまですが、いずれも不法行為訴訟、つまり不法行為に基づく裁判を起こしにくくする不法行為裁判抑制法でした。訴訟社会であるアメリカの行き過ぎを是正しようという声が多数を占めたわけです。

　そのような状況を背景にすると、この教材で、製造物責任法が取り上げられているのは至極当然です。日本では、1994年に「製造物責任法」が制定され、1995年から施行されました。その内容も、先に引用した第1条が「製造物の欠陥により人の生命、身体又は財産に係る被害が生じた場合」と明示しているように、過失責任ではなく、「欠陥」があることを証明しさえすれば被害者を救済するという内容であり、アメリカにおける製造物責任法の発展の歴史を（判例の発展ではなく立法の形で）なぞっているよ

うに見えます。

　教材では、この法律の概要を紹介した後、この法律が初めて適用され、しかも損害賠償が認められた事例の英訳を掲載しています。マクドナルドでジュースを購入した顧客が、ジュースを飲んで喉頭部を負傷したとして訴えた事件で、ジュースが通常有すべき安全性を欠いていたといえるとして、製造物責任法上の欠陥があると認めたのです（名古屋地裁平成 11 年（1999 年）6 月 30 日判決、判例時報 1682 号 106 頁）。

●アメリカ人にとっての驚き●

　いったい、このマクドナルド・ジュース事件のどういうところがアメリカ人にはおもしろいのでしょうか。「えーっ」という驚きの部分はどこにあるのでしょうか。そもそも日本の製造物責任法について、アメリカではどのようにとらえられているのでしょうか。

1　マクドナルド・ジュース事件の概要

　まず、裁判所の認定している事実と裁判所の判断を簡単に紹介しましょう（といっても、日本の裁判所ですから、事実認定は例によって、ここまで必要かと疑問に思うほど細かいのですが）。

　①　1998 年 2 月 13 日、愛知銀行の系列カード会社に勤務していた X は、昼食用に、マクドナルドのダブル・チーズバーガー・セット（オレンジジュースを含む）を 525 円で購入した。X はそれをそのまま、会社の控室まで持ち帰った。その間、X は、どこかに立ち寄ったり、このセットをどこかへ置いておくようなことはしていない。

②　Xは、同僚のAと一緒に昼食を取り始め、先に、ダブル・チーズバーガーとフライド・ポテトを全て食べ終わり、その後本件ジュースを右ストローで飲み始めた。その直後、ガラスのような破片（ただし、軽いもの）が喉の上の方に突き刺さる感じがした。その後、徐々に痛みを感じて息苦しくなり、吐き気を催したので、トイレに行って食べた物を嘔吐した。嘔吐物には、全体的に血液が付着していた。嘔吐した後は、突き刺さった感じはなくなったものの、痛みは続いていた。

③　Xは、Aに勧められて、会社に隣接している愛知銀行内の診療所に行き、B医師の診察を受けた。Xが本件ジュースを飲んで血を吐いたと説明したところ、B医師は、救急車を呼び、国立病院で診察を受けるよう指示した。

④　Xは、診療所内のトイレでも、少し血の混じった唾液の塊のようなものを吐いている。Xが国立病院に向かう際、Aと、Xの上司であるC部長の2人が、Xの飲みかけの本件ジュースを持って同行した。

⑤　国立病院において、D医師がXを診察した。同医師は、B医師からの紹介状を見て、Xの主訴を聞き、喉頭を診察したところ、実際の出血、血液凝固物は認めなかったものの、粘膜の下に出血があることを認めた。なお、胃十二指腸ファイバースコープにより、胃の中も検査したが、異物は発見されず、原告の飲みかけの本件ジュースは、手違いで同病院で捨てられてしまい、内容物の検査はされなかった。

⑥　D医師は、出血部への直接的治療の必要性はないと判断したが、Xに嘔吐があったことから、制吐剤、及び、喉頭浮腫の予防と喉頭異和感の軽減のための薬剤の点滴を行い、安静にするよう指示した。同年3月4日付けのD医師の診断書には、傷病名

が「喉頭出血」、附記として「H10,2,13 吐血を主訴に当院救急外来、救急車搬送にて受診。喉頭ファイバー下に右喉頭被裂部粘膜下出血、浮腫状所見を認めた。」とされている。

⑦　Xは、D 医師の診察を受けた後、一旦会社に戻ってから帰宅したが、その後 2 日間は、ほとんど横になっており、柔らかいものしか食べなかった。なお、X は、当時、歯科の治療は受けていなかった。

⑧　X は、同年 2 月 17 日に、国立病院の診断書をもらい、上司に相談した上、翌 18 日の朝にマクドナルドに連絡したが、マクドナルドは、本件ジュースと X の右受傷との因果関係を否定した。そこで、本訴を提起した。マクドナルドの製品の製造物責任を理由とする損害賠償請求事件であり、請求額は、受傷によって被った精神的苦痛に対する慰謝料 30 万円及び弁護士費用 10 万円の合計 40 万円である。

　要するに、マクドナルドでテーク・アウト購入したバーガー・セットを会社で食べたところ、ジュースを飲んだ後、何かがのどに突き刺さる感じがしておう吐し、血の混じったものが出た。それは、ジュースに何かが混入していたからであり、当然、それを提供したマクドナルドに製造物責任ありという主張です。しかし、マクドナルド側は、それはありえないとして責任を否定しました。裁判では、ジュースの製造工程も詳しく記述され、それは次のようなものですが、その過程で異物混入はありえない、少なくとも相当に可能性が低いと考えたわけです。他に、このジュースについて異物混入の例がないこと（少なくとも判決文でそのような事例が他にもあったとは指摘されていません）、X がジュースを実際に飲んだのはマクドナルドの店内ではなく、店を出てからのことで

ある、という点も、その背景にあると思われます。ともかく、問題のジュースは次のような形で作られているようです。

① ジュースは、マクドナルドで作っているわけではなく、日本コカコーラボトラーズ株式会社から、ビニール製透明フィルムに入ったコンクジュース（濃縮された状態にあるジュース）を仕入れている。

② ビニール製透明フィルムの角を、手あるいははさみ等で切り取り、コンクジュースを、オレンジジュースマシン内の容器（蓋はされていない）に、右容器を取り出して注ぎ込む（この作業は人の手による）。次に、マシンには水を注入する管が接続されており、そこからオルガノフィルター（活性炭入りの浄水機）により浄水された水道水を加えて、コンクジュースと水を撹拌する。

③ 製氷機にて自動製成されたキューブ状の氷を、その上面全体が開閉可能な保存庫から、杓子状の道具ですくい取って（この作業は人の手による。また、この時、保存庫の上面は広く開いている）紙コップに入れ、マシン内にて撹拌されたオレンジジュースを、同マシンから抽出して注ぎ込む。そして、紙コップにプラスチック製の蓋をする。

しかし、すでに説明したように、Xはジュースを飲んで異物があると感じ、おう吐して、診療所に行き、さらに救急車で国立病院まで運ばれてしまったのです。

裁判所での争点は、2つだとされました。第1に、そもそもXに損害（喉頭部を負傷）があったのか、第2に、その損害があったとしてそれはジュースによるものか。この第2の争点に、（より法律的な言い方をすると）実は、ジュースに製造物責任法上の

「欠陥」があったのかという論点と、その「欠陥」との因果関係のある損害がXに生じたのかという論点が含まれていたと考えられます。

　それに対する判断として、裁判所は、第1点について、次のように述べて損害ありと判断しました。「Xが吐血を訴えた直後にXを診察したB医師が、救急車を呼んで、国立病院に受診するよう勧めていること、国立病院のD医師も、喉頭ファイバースコープで粘膜の下に出血を認めて診断書を書いていることからして、Xは、右診断書記載の内容の受傷をしたと認められる」。

　もっとも実際にD医師も治療らしい治療はしていません。これについても裁判所は、「なお、Xに対し、喉頭の外傷に対する治療は行われていないが、喉の粘膜部分という部位の特性からして、国立病院での診察までに、切創部分が閉じてしまうこと、そのため、傷の治療が不要となることは十分考えられ、喉頭の外傷に対する治療がないことを以て、Xが本訴受傷をした事実が左右されるものではない」と述べて、傷害があったとしました。

　第2点について、裁判所は本件ジュースには「欠陥」があり、それによって損害（傷害）が生じたと認定しました。以下のような判決文です（少し長いのですが、この部分は重要なので、ほぼそのまま引用します。下線は私が付けました）。

　「Xは、本件ジュースを飲んだ直後に、喉に受傷していること、マクドナルドが本件ジュースを販売してから、Xがそれを飲むまでの間に、本件ジュースに、喉に傷害を負わせるような異物が混入する機会はなかったと考えられること、Xは、本件受傷当時、歯科治療を受けておらず、また、ダブルチーズバーガーやフライド・ポテトを全て食べ終わってから本件ジュースを飲んでおり、原告の口腔内にあらかじめ異物が存在していたとは考えられない

ことなどからすれば、本件受傷は、本件ジュースに混入していた異物を原因とするものと認められる。

　マクドナルドは、本件ジュースの製造工程からして、直径約７ミリメートルのストローを通過するような異物が混入することはあり得ないと主張するが、前記認定の製造工程からすると、コンクジュースをオレンジジュースマシン内の容器に入れる際や、保存庫から氷をすくう際などに、異物が混入する可能性は否定できないのであり、マクドナルドの主張は採用できない。

　そして、本件ジュースに、それを飲んだ人の喉に傷害を負わせるような異物が混入していたということは、ジュースが通常有すべき安全性を欠いていたということであるから、本件ジュースには製造物責任法上の『欠陥』があると認められる。

　なお、右異物は発見されず、結局異物が何であったかは不明なままであるが（認定の事実によれば、恐らく、原告が胃の内容物を嘔吐した際、異物も吐き出したものと考えられる上、本件ジュースも検査されないまま捨てられてしまったのであるから、これ以上、原告に異物の特定を求めることは酷である。）、それがいかなるものであろうと、ジュースの中に、飲んだ人に傷害を負わせるような異物が混入していれば、ジュースが通常有すべき安全性を欠いているものであることは明らかであるところ、本件ジュースに、それを飲んだ人の喉に傷害を負わせるような異物が混入していたという事実（本件ジュースに「欠陥」が存在したこと）自体は明らかである以上、異物の正体が不明であることは、右認定に影響を及ぼさない」。

　要するに、どんな異物が混入したのかはわからないけれども、何かがジュースに入っていたために、喉頭部に受傷が認められ、

それがマクドナルド側以外の原因であるという認定はできないので、ジュースに「欠陥」あり、さらにその欠陥と受傷との因果関係ありと判断したのです。

そして、結論としては、「X は、本件受傷により、相当な精神的、肉体的な苦痛を被ったものと認められ、これに対する慰謝料としては、5 万円が相当である」と述べたうえで、「本件事実の内容と、被告マクドナルドの対応に鑑みると」弁護士を雇うのも当然であり、弁護士費用も 5 万円認めて、マクドナルドに合計10 万円の損害賠償を命じたのです。

なおこの裁判は控訴されましたが、控訴審段階で和解に終わりました。和解内容は明らかにされていないので、以下、この地裁判決を検討しましょう。

2　本件が想起させる 2 つの事件

さて、アメリカのロー・スクールの学生が、この判決を読んでどのような感想を抱くか、想像してみましょう。まず、彼らはアメリカで起きた 2 つの有名な事件を思い起こすでしょう。

1 つは、1944 年の Escola v. Coca Cola Bottling Co. という、カリフォルニア州最高裁の判決（150 P.2d 436）です。レストランのウェイトレスが、配達後 1 日以上カウンターの下におかれていたコカ・コーラの瓶を冷蔵庫にしまおうとしたところ突然爆発し、手にけがをした事件です。被害者となった原告は、爆発の状況と、被告の会社に雇われているコーラの配達夫がかつて他の瓶が爆発するのをみたことがあるという証拠だけしか提出できませんでした。コーラの瓶の製造過程のどこに過失があったかなど、原告側には立証するすべもなかったからです。

しかし、第 1 審裁判所は、res ipsa loquitur（過失推論則、この

ラテン語は、事実それ自体が語るという意味です）を特別に適用して原告を勝たせました。そして、上訴を受けた州最高裁もそれを支持したのです。なお過失推論と訳して、過失推定としていないことには理由があります。大多数の州で、この特例ルールは、被害者のために被告の過失を推定して立証責任を転換するものではなく、単に、「推論」として働くことを許すというにすぎないからです。さらに、このルールが適用されるのは、きわめて例外的なケースに限定されます。

　ともかく、州最高裁は、特別に過失推論則を適用するためには、第1に、損害を起こしたもの（すなわちコーラ瓶）を被告が排他的に支配していたことと、第2に、本件事故が、通常、被告に過失がなければ生じないようなものであったことが必要だとしました。

　そのうえで、第1点については、本件ではすでに被告のもとを離れた瓶によって事故が生じているものの、事故の原因となったコーラの瓶が、被告の出荷した時点からそのまま変わらない状況におかれていたことを原告が立証すれば、この要件を満たすとしました。また、同時に、原告が瓶を注意して扱っており、事故の発生に寄与したこともないという点についても、証拠を提出する必要があるとしました。

　それが満たされた場合に、瓶の爆発は、瓶内部の圧力を高めすぎていたか、あるいは瓶自体の欠陥による疑いが生ずることになりますが、被告が通常の検査をすればそれを発見する可能性があるのなら、過失とされうると判断しました。

　実際の裁判では、コーラの瓶が出荷時のままでレストランに運ばれていたことの一応の立証があるとされ、さらに、裁判所に出された専門家証人の証言により、通常の検査があれば圧力の異常

も瓶の欠陥も発見できたはずであることが示されました。

したがって、本件では、州最高裁は、厳密な過失の立証はないものの、過失推論則を適用する要件が例外的に満たされたとして、被告に責任ありとする原審の結論を支持したのです。この事件は、アメリカの不法行為法の教科書では必ず取り上げられる判例で、アメリカのロー・スクールの学生なら誰でも知っています。

おそらく、日本のマクドナルド・ジュース事件の判例を読めば、多くの学生は、この事件を思い出すでしょう。実際には、マクドナルド側の過失はいっさい立証されていません。しかし、それでも原告（被害者）が勝訴しているのは、コカ・コーラ事件と同様に、結果的に過失の立証責任が転換されるのと同様の論理によって、マクドナルド側で自らに責任がないことを立証しなければならないという形で裁判が行われたのだろうということです。

ただし、この2つの事件には重要な違いもあります。

まず、アメリカの事件では、手に持ったコーラ瓶が突然爆発したため、被害者は7インチ（約18センチ）の深い切り傷を負い、血管も神経も切れるという、とても軽傷とはいえない傷を負いました。それに対し、日本の事件では、救急車で国立病院まで運ばれていますが、結果的には治療も必要ないような程度の傷です。後者のようなケースが裁判にまでなるということが、アメリカ人の学生には理解できないかもしれません。あるいは、日本の方がアメリカより訴訟社会だと感ずるかもしれません。

次に、法律論的な相違としては、アメリカの1944年は、まだ製造物責任について厳格責任という考えがなく（それが出てくるにはその後20年を要しました）、もっぱら過失責任について議論がなされました。そのうえで、過失を立証できない被害者の窮状を救うための法理として、過失推論則が例外的に利用されたのです。

これに対し、日本のケースでは、1995年に製造物責任法が施行され、過失責任ではなく、製品の欠陥だけを立証すればよいという状況で事件が起こったわけです。問題は、アメリカでも、同じ1998年にこのようなジュース事件が起こっていたら、同じような判決が出たかということです。これについては、後でまたふれます。

　もう1つのケースとして、アメリカのロー・スクールの学生が、日本のマクドナルド・ジュース事件を読んで必ず連想するのは、マクドナルド・コーヒー事件でしょう。こちらは、同じマクドナルドの事件でもあり、さらに事件が起きた時代も近く、1992年にアメリカのニュー・メキシコ州で起きました。そして一躍、世界的に有名になりました。

　1992年2月、当時79歳のリーベック（Stella Liebeck）さんは、マクドナルドのドライブ・スルーを利用してコーヒーを買いました。マクドナルドのコーヒーが毎朝の日課だったそうです。ところが、その日、車の中で飲もうとしたところコーヒーをこぼしてしまい、その熱さが尋常でない熱さだったため、3度熱傷という重いやけどになりました。

　その後、これほど熱すぎるコーヒーは危険な製品であり、欠陥があると主張して訴えを提起し、1994年の第1審裁判所では、陪審審理の結果、いったんは陪審の評決として、16万ドルの損害賠償（損害額は20万ドルとされましたが、原告にもコーヒーをこぼした点で過失があり、それを2割として16万ドルの損害賠償）と、それに加えて懲罰賠償として270万ドル（1ドル100円としても、2億7000万円）が認められたのです。そして、この莫大な金額の賠償を認める評決のニュースが世界中を駆けめぐったというわけです（このマクドナルド・コーヒー事件について関心があれば、樋

口『はじめてのアメリカ法』（補訂版、有斐閣、2013）を参照してください）。

　なぜこのような巨額の懲罰賠償を陪審が認めたかというと、この事故以前に1982年から10年間で同様の事故のクレームが700件ありながら、マクドナルドが何ら措置をとらなかったからです。マクドナルドはそれに対処するための会議をしましたが、この温度で香りを維持するからコーヒーが売れると判断し、簡単にいえば、お客のやけどより利益を優先したのです。それが許せないとして陪審は巨額の懲罰賠償を認めました。

　しかし、アメリカの裁判は、陪審が評決を出すとその通りになるわけではなく、裁判官がチェックできる仕組みなので、実際には、270万ドルの懲罰賠償は大きく減額され、その後の裁判で、最後は和解に終わり、40万ドルから60万ドル程度の金額で解決したと推測されています。

　このマクドナルド・コーヒー事件と、日本のマクドナルド・ジュース事件は、厳格責任に基づく製造物責任を問う点で同じです。しかし、そこには明らかな違いもあります。

　1つは、コカ・コーラの瓶爆発事件と同様に、被害の大小です。コーヒーとジュースという同じ飲料でありながら、アメリカの事件では、医療費を含めて20万ドル（日本円で1ドル100円として2000万円）もの被害（重傷のやけど）がありました。日本では、30万円の慰謝料を求める程度の被害です。

　もう1つは、マクドナルドのコーヒーは、他社と比べて大きく温度設定の異なる熱さを売り物にしており、それを「欠陥」だと主張されたのに対し、日本のジュースでは、何らかの異物が混入している点を「欠陥」としながら、それが何かは結局わからなかった点です。それなのに「欠陥」ありとの証明がなされたとい

う点に、アメリカの法律家なら疑問を感ずるかもしれません。厳格責任も、絶対責任・結果責任ではない以上、限界があるはずだということです。

3　日本のマクドナルド・ジュース事件の検討

　アメリカの類似事例との比較はともかく、日本では、このマクドナルド・ジュース事件が、製造物責任法を最初に適用して損害賠償を認めた事件となりました。いわば日本の法制史にも残る歴史的事件となったわけです。

　しかし、アメリカの法律家から見ると、いくつもの疑問点が出てきます。それらを列挙してみましょう。

①　訴額の小ささ

　本件では、わずか40万円の請求額になっています。実は、日本では140万円以下の訴訟は、本来は地方裁判所ではなく簡易裁判所に管轄権があります。それどころか、その中でも60万円以下の訴訟は、少額訴訟となり、もっと簡単な手続きが用意されています。裁判所自身の説明によれば、「審理は、原則1回で、直ちに判決が言い渡されます。ただし、裁判官の判断や相手方の申出により、通常の訴訟手続に移ることもあります」というものです。ところが、本件は、名古屋地裁で判決が出されています。これは、請求額自体は小さくとも、争いの内容が複雑で、簡易裁判所では扱えないと判断した場合に、地裁に移送できる制度に基づいています。しかも、地裁でも、単独裁判官による審理の可能性もありますが、本件は3人の裁判官の合議によっています。

　それだけ本件の内容が、製造物責任のあり方を論ずる重要性と複雑さを有していたからだということができますが、本来は、そ

の被害の規模の点からいえば、少額訴訟で済ませられるようなものだったことも見逃せません。逆にいえば、製造物責任法は、このような程度の事件を扱うのではなく、もっと重大な事案のために制定されたのだと考えられます。なぜこの程度の事件で、弁護士を立ててまで裁判をするのか（たとえば、認められた5万円の弁護士費用で弁護士が働くとは思えません）、アメリカの法律家は不思議だと思うでしょう。

② 欠陥を認定していること

　本件で原告が勝訴しているところにも、アメリカの法律家は疑問を持つでしょう。何しろ、ジュースに異物が入っていれば、それはもちろん欠陥製品ですが、異物自体は残っておらず、それが何であったかもわからないのです。マクドナルド・コーヒー事件で他にも数百件のやけど事故があったように、他にもジュースを飲んで異物を感じた事件があったわけでもありません。ジュースを飲んだのも店内ではなく、それを持ち帰った場所であり、マクドナルド側には、何もわからない状況で起きたことです。

　たとえば、退職した単身高齢者 X_2 が同じハンバーガー・セットをテーク・アウトで購入し、家に帰って食べたところ、ジュースを飲むと違和感をもち医者に行ったと仮定しましょう。医師は、軽微な症状は認めたものの、それが何によるかはわからないので、「喉頭部炎症」という診断書は書いてくれましたが、もちろんそれだけでは原因はわかりません。すでにジュースは捨てられ、これだという異物が残されているわけでもありません。

　X_2 が、マクドナルドを訴えたとして、同じように製造物責任が認められるでしょうか。ジュースに「欠陥」ありという証明があったとされるでしょうか。

日本の製造物責任法でも、アメリカの厳格責任でも、製造物に「欠陥」があったことは原告（被害者であると主張する者）が立証しなければなりません。本件のジュース事件で、その立証があったといえるのかは相当に疑問です。

　むしろ、本件では、コカ・コーラの瓶爆発事件と同様に、「欠陥」があったという立証も難しいので、その立証責任も転換させて、裁判所が被害者を救済したとみる方が適切だと思われます。なぜなら、本件の原告 X は、状況から見て、とてもうそをついているとは思われなかったからです。そこで、いわば日本版の「欠陥推論則」とでも呼ぶべき手法で、一部勝訴という結論を導いたのでしょう。

　しかし、それは逆にいえば、適例といえるかどうかわかりませんが、年金暮らしの単身者 X₂ が原告として訴えた場合にも同じ結論を出してくれるかといえば、必ずしもそうはいえないということです。実際、この判決の後、マクドナルドでジュースを購入して、同じような被害を申し出る事件が続発したら、そして、同様に異物は発見されず、負傷としても軽微なものであったとしたら、それでもそれぞれに 10 万円ずつ裁判所が賠償を認めてくれるとはとても思えないのです。

③　10 万円（5 万円）という賠償額で勝訴させること

　さて、その賠償額 10 万円ですが、実際には、弁護士費用 5 万円が入っているので、被害者に対する慰謝料としては 5 万円です。もちろん、弁護士費用が 5 万円で済んでいるとは思えませんから、実際に被害者が得た賠償額は 5 万円にならないでしょう。

　製造物責任法が 1995 年に施行され、この事件がそれを最初に

適用して原告を勝訴させた判例だと前にも述べましたが、実は「欠陥」の内容が裁判で明らかにされたわけでもなく、賠償額も五万円という、裁判をして争うほどの額ではない事件なのです。判決では、次のように述べて、被害者の精神的被害は大きなものだとしているにもかかわらず、五万円なのです。

　「原告は、本件受傷後、吐血し、医師により、救急車で国立病院へ運ぶのが相当であると判断されるほどの状態であった。
　また、国立病院において、制吐剤等の点滴を受けており、本件受傷により、相当なショックを受けたものと認められる。そして、胃十二指腸ファイバースコープによっても異物が発見されず、検査のために持参した本件ジュースも捨てられて、原因の解明が十分にされなかったことに鑑みると、国立病院から帰った後も、不安感と恐怖感が残り、二日間自宅で安静にしていたというのも理解できないわけではない。
　以上のとおり、原告は、本件受傷により、相当な精神的、肉体的な苦痛を被ったものと認められ、これに対する慰謝料としては、五万円が相当である」。

　これだけ不安感や恐怖感、相当な精神的、肉体的苦痛を被ったと強調しながら、慰謝料は五万円だというのです。要するに、被害者に賠償を認めるための言葉だけなのです。おそらく主観的には、被害者Xは大変な経験をしたのでしょう。何しろ救急車で国立病院に運ばれ、さまざまに検査されたりしたのですから。しかし、後から客観的に見れば、大騒ぎをしただけで、重大な負傷をしたわけではないのです。
　おそらく、五万円という慰謝料は、日本の裁判所による一定の

理由のある判断です。それよりはるかに高い賠償を認めれば、本件を知った悪意の人間が、それをまねて「何か異物が入っていた、苦しくなって救急車を呼んだ（しかも、日本では軽傷でも救急車を呼べば救急車は来てくれるのです）」として、マクドナルドだけではなく、他の宅配食業者など、多くの事業者を訴えてくることもありえます。異物が不明でも「欠陥」ありと裁判所が認定してくれると期待してのことです。もちろん、そのような場合に、裁判所が一種の「欠陥推論則」を適用して、勝たせてくれるとは限りません。しかし、たとえ勝たせてくれても、裁判の時間や手間に値しない程度の賠償しか認めてくれないのなら、そのようなおそれは大きく減少するでしょう。逆にいえば、この判決の製造物責任法を適用した先例としての価値は大きなものではありません。

　アメリカでは、厳格責任の下でも、本件のようなケースでは、原告は「欠陥」を証明していないとしておそらく勝訴できない公算が高いと思われます。しかし、日本の裁判官は、本件の具体的事案について、被害者を救済したいと判断し、そうでありながら賠償額を極小にすることで、彼らなりのバランスを取ったのだと思われます。

4　ラムザイヤー教授再登場

　さて、ラムザイヤー教授は、日本の製造物責任法にも関心を寄せて、アメリカと比較しながら論じています（ここでは、第6話で紹介した彼の2015年の著書での記述を紹介しましょう）。この部分は、「ほとんど損害賠償請求のないシステム──製造物責任」と題されており、日米の大きな差異が提示されます。

　アメリカでは、ポリンスキー教授とシャベル教授（いずれも、法と経済学では著名な学者です）の共同研究によると、年間で8万

件の製造物責任訴訟が起こされています。これに対し、ラムザイヤー教授は、判例体系で1993年から2009年までの間において製造物責任訴訟の公表裁判例を検索し、最も多く現れる数字は2（つまり年間2件）であり、平均しても年間3.5件だとします。ラムザイヤー教授は知らなかったのかもしれませんが、消費者庁が「製造物責任（PL）法による訴訟情報の収集」を行っており、製造物責任を追及した訴訟件数は1996年から2018年までで、408件（ただし、この中には、第1審裁判所のものと控訴審のものとが重複して記されている例があり、実際の事件数は何割か差し引く必要があります）、和解事件が34件あると公表しています（和解事件もその前の訴訟件数に重複しているものがあります）。いずれにせよ、25年間でこの程度の数字ですから、年間で多くとも10数件程度であり、アメリカの8万件とは天と地ほどの差があります。

　いったいなぜこんなに差が出るのでしょうか。ラムザイヤー教授でなくとも気になります。ともかく、ラムザイヤー教授は、以下のように、なぜ日本ではこれほど製造物責任を問う裁判が少ないのかを検討しています。彼にとって残念なことに、今度は、医療過誤訴訟の場合と違って、日本の医療の内容が、日常的な診療に偏っており、実は事故が起きやすい高度で難しい医療がアメリカと比べて少ないからだというようなデータが製造物では出てきません。日本のメーカーも、アメリカの製品と同じくらい複雑で精密な製品も作っているからです。

　そこで、ラムザイヤー教授は、従来の説明を列挙し、それらがいずれも説得力がないと述べます。理由にならない理由とは次のようなものです。

① 交渉と訴訟の順番の違い

　時として、識者の中には次のような理由づけをする者がある。アメリカではまず訴訟を起こして、その後に交渉する。これに対し、日本ではまず交渉ありきであって、裁判は最後の手段である。その結果、裁判件数はアメリカの方がはるかに多くなる。

　これに対し、ラムザイヤー教授は、この説明では、裁判件数に大きな違いがあることは説明できても、日本では、実は、裁判にまで行かずに請求する（クレームをする）件数がはるかに少ないことを説明できないという。三井住友海上保険会社のデータを利用して、ラムザイヤー教授は、訴訟だけでなく、クレームの件数も日本ではきわめて少ないことを示しているのである。

② 日本の裁判所は、大きな損害賠償額を認めない

　識者の中には、アメリカの裁判所では、製造物責任について裁判所が大きな額の賠償額を認める傾向があり、それに対し、日本の裁判所ではそれほどの金額の賠償を認めないと論ずる者がある。しかし、ラムザイヤー教授は、これは事実に反すると主張する。確かに、ライマン教授は（この人はドイツ人ですが、ミシガン大学で不法行為法や製造物責任法を教えています）、1999年のアメリカの製造物責任訴訟における賠償額の平均額は300万ドル以上（つまり1ドル100円として3億円以上）だったと述べているが、彼が依拠している調査自体が偏ったものである。何しろ、その調査では、2億8500万ドル（285億円）を認めた1件が入っているために、平均賠償額が一挙に上昇している。むしろ、より正確な調査に基づく1993年の研究では、製造物責任訴訟で認められた賠償額の中位額は26万ドルであり、2006年の他の調査研究でも、被害者が死亡したケースでの賠償の中位額は20万ドル弱となって

いる。

　これに対し、日本では、製造物責任訴訟の賠償額も、交通事故
訴訟での標準賠償基準が利用されており、死亡を伴う製造物責任
訴訟での賠償の中位額は6100万円とされる。

　したがって、むしろ日本の裁判所の方が、アメリカの裁判所より
りも、被害者に認める損害賠償額は大きく、被害者に対し有利な
扱いをしている。

③　日本の弁護士は高い

　日本で裁判が少ないのは、日本では弁護士数が少なく、コスト
も高いからという議論もある。逆にいえば、アメリカの弁護士は
安く雇えるということでもある。何しろ130万人もいるのであ
るから。このような議論を唱える人たちが、必ず言及するのは、
アメリカにおける弁護士の成功報酬制度（contingent fee）である。
これは、弁護士の方が、自分への報酬を含めて裁判にかかる費用
をすべて負担し、裁判を引き受ける代わりに、相手方から損害賠
償が取れた場合には、あらかじめ定めた報酬（賠償額の3分の1
程度が多い）を取得するというものである。製造物責任訴訟では、
大企業を相手にすることもあるが、そのような場合でも、被害者
はいっさい裁判費用の心配がなくなる。すなわち、安く弁護士を
利用できるというのである。

　だが、ラムザイヤー教授は、これについても誤りだとする。ま
ず、アメリカの成功報酬制度では、実際に勝訴した場合（あるい
は和解した場合でも）、相当大きな額を弁護士が取得する。決して
安いとはいえない。さらに、そもそも弁護士は勝訴・敗訴の見込
みを立てて成功報酬での引き受けをするから、実際には、誰も引
き受けてくれない場合もある。決して、アメリカの弁護士が安価

に利用できることにはならない。

　これに対し、日本の弁護士報酬では、確かに完全な成功報酬制はないが、法外な報酬を取っているわけではない。ラムザイヤー教授は、日本弁護士連合会の調査などを引用しながら、日本では、たとえば、交通事故訴訟で1000万円の賠償額が取れた場合（あるいは取れると予想される場合）について弁護士費用が適当な額であることを示している。弁護士へのアンケートによれば、半数近くの弁護士が30万円の着手金、2割程度が20万円の着手金を求め、実際に勝訴した場合の成功報酬額も合理的な範囲にとどまっているとする。さらに、弁護士の所得調査なども交えて、日本の弁護士が高い報酬を要求するので、製造物責任訴訟を含む裁判の数が少ないとする議論に反駁している。

④　ディスカバリーとクラス・アクションがない

　ラムザイヤー教授によれば、日本では、ディスカバリーもクラス・アクションもないので、製造物責任訴訟が起こしにくいとする議論がある。彼は、いずれもが説得力皆無と反論する。

　ディスカバリーとは、アメリカの裁判における特色の1つで、かつては「証拠開示」と訳されていた。現在は、証拠となるものだけでなくより広い情報を開示請求できるので、「開示」と訳すのが普通である。もっとも「開示」だけでは、わかりにくいので「裁判関連情報開示」くらいの意味だと説明した方がいいかもしれない。

　アメリカでは、欠陥を問題とする製造物責任も、原告に「欠陥」の存在などの立証責任がある。ある製品に何らかの問題があり損害を受けたとしても、その製品に「欠陥」があり、それによって損害を受けたという「因果関係」ありという証明が必要とな

る。

　それがどのような「欠陥」であるかは簡単にわからないことも多い。そのようなケースで、アメリカでは、被告とするメーカーに対し、製品の仕様書や製造過程などの情報を提供せよと請求することができる。逆に、メーカーの方でも、被害者と称する人の被害がどの程度か、どのような根拠があって製品に欠陥ありと主張しているのかの情報を請求することができる。要するに、ディスカバリーという制度の考え方の基本は、アメリカの訴訟では「武器平等」であり、互いに情報を公開して共有し、そのうえで法律的な争いをしようということである。裁判を起こしてから証拠を集めることも可能であり、先に述べたように、アメリカでは交渉より前にまず裁判を起こすというのも、ディスカバリーを利用するためには裁判を起こす必要があるという事情もある。

　もう１つのクラス・アクションは、「集合訴訟」と訳されることもあり、同じ製品で被害を受けた集団が１度の訴訟で争うことができる仕組みである。製品被害が１人ひとりの被害者にとってそれほど大きくない場合、それぞれが訴えるのは実際的でない。弁護士費用も裁判の時間もかかるので、アメリカ人でもそれならやめようかという判断になりがちとなる。しかし、被害者が多数の場合、全体としては大きな被害が生じているわけである。そこで、アメリカでは、そのうちの誰かが代表者となり、他のすべての人のために（この訴訟に参加するか否かを尋ねる仕組みがある）、訴訟を追行する。勝訴すれば、損害賠償を参加者に配分する。

　これら２つの仕組みは、いずれも製造物責任訴訟が問題となる場合、訴訟を起こしやすくする働きがある。それが日本では十分でない、だから製造物責任訴訟が少ないという議論があるというわけである。しかし、ラムザイヤー教授はこの議論に説得力が

ないと主張する。

　まず、ディスカバリーについていえば、確かに日本の裁判ではこのような制度をもたないものの、実際の民事訴訟においては、裁判官の訴訟指揮で対処しているとする。たとえば被告側に対し、次の期日までに問題になったある点を反駁するような証拠を提出するよう命ずるなど、裁判官は、訴訟指揮の中で立証責任を融通無碍に変化させて、具体的に妥当な結論を導く努力をするので、実態はあまり変わらない。先に紹介したマクドナルド・ジュース事件もその例といえなくもない。

　クラス・アクションについていえば、実際に、製造物責任訴訟でクラス・アクションが利用されるのはアメリカでも少ないので、これが両国の相違の決定打とはいえない。

　そこで、ラムザイヤー教授が用意する、製造物責任訴訟の数の大きな違いの説明は次のようなものです。

　「ポイントは単純なことです。日本人が欠陥製品についてクレームを付けたり、訴えることがほとんどないのは、欠陥製品のために損害を被ることが少ないからである。……

　もしも日本人が年間で2000件程度の製品クレームをしているとすれば、日本人が被っている欠陥製品の被害の大半が主張されていることになるのです」。

　ラムザイヤー教授のこの主張は、もしそれが正しいならある意味で当然すぎることになります。欠陥製品による事故が少ないなら、クレームも裁判も少ないに決まっているからです。実際、ラムザイヤー教授は、SGマーク（製品安全マーク、safety goods の略語）による安全認証制度が広く利用されていることなど、日本に

おける「安全・安心」の重要性とそれに対する人々の意識や関心の高さを十分に認識しています。

そして、彼は、むしろアメリカで年に8万件も製造物責任訴訟があることの方が大きな問題だとして、アメリカの不合理な制度を強く批判します。そこでは、陪審による判断や選挙で選ばれた裁判官（連邦の裁判官ではなく、州の裁判官です）の問題点などを強調しますが、本書は、日本法についてのものですから、これ以上この点の検討は控えましょう。

ラムザイヤー教授のここでの議論は、日本の製品の優秀さを裏づける形にもなっているので、私たちにはありがたいことです。しかし、少なくとも、それでただ喜んでばかりもいられないところがあります。

第1に、ラムザイヤー教授も、年間で2000件程度はクレームがあってしかるべきだとしているのですが、彼が引用している調査研究でも、実はそこまでの数のクレームもありません。ただあきらめている被害者がいるとすれば、それはそれで問題です。ラムザイヤー教授にとっては、アメリカで製造物責任訴訟が多すぎることが大問題でしょうが、少なすぎるのも問題です。そこに、日本の製造物責任をめぐる裁判制度や欠陥を明らかにしにくい要因があるとすれば、それは何かが問題として残ります。

第2に、先のジュース事件のように、人身被害といってもそれほど大きくない場合はいいのですが、欠陥製品によって死亡事故や重傷事故が起こった場合、しかも同じ製品が広く販売されて被害者が多数出るような場合には、大きな問題となるはずです。欠陥製品が市場に出てからわかることもある中で、早期のリコールによって損害拡大を急ぐことが大事になります。しかし、早期のリコールをするのは良心的なメーカーである証拠であるにもか

かわらず、そのことが後の裁判で不利に働くことがあれば、ある
いはメーカーの評価を下げるだけであれば、ある種、本末転倒の
仕組みだということになります。裁判の利用の仕方についても、
日本でも工夫が必要になります。

　最後に、マクドナルド・ジュース事件に話を戻しましょう。当
事者以外の私たちにとって、この事件は気になる事件の１つで
す（そもそも大量生産・大量消費の現代において、製造物責任が問わ
れる事件は多くの人の関心事です）。

　この事件での裁判では、もっぱらジュースに混入があったのか、
それが「欠陥」といえるのかだけが問題とされています。しかし、
裁判官を含めて、もっと重要なのは、この事件のあった後（ある
いは客からクレームがあった後）、マクドナルドがどう対応したか
です。

　第１に、実際、ジュースに異物混入が他でもあるのか、他で
もあったのかの調査とその公表。第２に、それがなかったとし
ても、混入のリスクのあるような部分が、製品提供過程にあると
すれば、混入を防ぐ措置の検討と実施。ここで書くべきことでは
ないのかもしれませんが、最悪の事態を想像すれば、複数のテロ
リストが従業員に紛れ込み、複数のマクドナルドで異物・毒物を
混入すれば、一種の同時多発テロもありえます。そして、混入へ
の対応がマクドナルドで迅速になされているとすれば、それは裁
判に反映してもいいはずです。何しろ、わが国の裁判は「慰謝
料」という名前で、よくわからない損害が認定できるシステムな
のですから。そして、製造物責任法が制定されたのは、何よりも
消費者の「安全・安心」のシステムを作るためです。そうだとす
ると、当事者にいくらの損害賠償を払うだけではない裁判の役割
を考えることもあってよいはずです。しかし、わが国の判決では、

不法行為の章

そのような発想がまったく見えません。21世紀における裁判のあり方として、IT化を推進することだけではなく、もっと人（国民）の役に立つリーガル・サービスとしての裁判を考えることはできないでしょうか。

　ともかくさまざまな製品を利用して日常生活が営まれている現代社会において、製造物責任をめぐる日米の格差を含めて、司法制度と法については、今後も比較法的研究が必要不可欠だと思われます。

　製造物責任訴訟も、日米で対照的な現状を示す事例です。何しろアメリカでは年間8万件、日本では10数件だというのですから。

　それがなぜかは難題で、ラムザイヤー教授も、医療過誤訴訟の場合と違って、あっと思わせるような議論は展開していません。

　しかし、それは日本でも同じで、製造物責任法をあらためて見直すような動きは寡聞にして知りません。日本ではアメリカと違ってこの分野では問題はないのだといってよいのかどうか。チコちゃんではありませんが、（私を含めてただ）ボーッとしているのではないといいのですが。

　ともかく、これら日本法について学ぶのは、アメリカのロー・スクール学生にとっても有意義ではないかと思われます。50の州法に分かれるアメリカでは、国内だけで十分に比較法の材料があると簡単に考えていると思われますが、本当の外国は（日本に限りませんが）アメリカとは異なる法によって動いています。それを実感することができるのは「アメリカ・ファースト」と念仏のように唱えることより、よほど有意義で、かつおもしろい知的体験だと思われます。

＜著者紹介＞

樋口範雄（ひぐち・のりお）
1951年　新潟県生まれ
現　在　武蔵野大学法学部特任教授、東京大学名誉教授

〔主な著書〕
『親子と法──日米比較の試み』（弘文堂、1988年）
『フィデュシャリー［信認］の時代──信託と契約』（有斐閣、1999年）
『アメリカ契約法』（第2版、弘文堂、2008年）
『アメリカ憲法』（弘文堂、2011年）
『はじめてのアメリカ法』（補訂版、有斐閣、2013年）
『入門 信託と信託法』（第2版、弘文堂、2014年）
『アメリカ不法行為法』（第2版、弘文堂、2014年）
『アメリカ代理法』（第2版、弘文堂、2017年）
『アメリカ高齢者法』（弘文堂、2019年）

アメリカ人が驚く日本法

2021年3月6日　初版第1刷発行

著　　者　　樋　口　範　雄

発行者　　石　川　雅　規

発行所　　鱠 商 事 法 務
　　　　　〒103-0025 東京都中央区日本橋茅場町3-9-10
　　　　　TEL 03-5614-5643・FAX 03-3664-8844〔営業〕
　　　　　TEL 03-5614-5649〔編集〕
　　　　　https://www.shojihomu.co.jp/

落丁・乱丁本はお取り替えいたします。　印刷／そうめいコミュニケーションプリンティング
©2021 Norio Higuchi　　　　　　　　　　　　　　　Printed in Japan
　　　　　　　　　　　Shojihomu Co., Ltd.
　　　　　ISBN978-4-7857-2847-2
　　　　　＊定価はカバーに表示してあります。